Andrea Jolander

Treffen sich zwei Neurosen …

ANDREA JOLANDER

TREFFEN SICH ZWEI NEUROSEN

Warum Männer und Frauen sich das Leben so schwer machen

HEYNE

FSC
www.fsc.org
MIX
Papier aus verantwortungsvollen Quellen
FSC® C014496

Verlagsgruppe Random House FSC® N001967
Das für dieses Buch verwendete FSC®-zertifizierte Papier
Pamo House liefert Arctic Paper Mochenwangen GmbH.

Redaktion: Angelika Lieke, München
Umschlaggestaltung und Coverillustration: Nele Schütz Design, München
Satz: EDV-Fotosatz Huber/Verlagsservice G. Pfeifer, Germering
Druck und Bindung: GGP Media GmbH, Pößneck
Printed in Germany 2014

ISBN: 978-3-453-20003-6

www.heyne.de

INHALT

VORWORT

»Ist es ein Junge oder ein Mädchen?«

So lautete früher die erste Frage nach der Geburt. Auch heute wird sie oft noch vor der Frage nach der Gesundheit des Kindes gestellt. Kaum hat sich der Schwangerschaftsteststreifen verfärbt, überlegt man sich für das Zellhäufchen einen Namen, und auch dabei muss das mögliche Geschlecht bereits bedacht werden. Schließlich soll später jeder wissen, ob er es mit einer Frau oder einem Mann zu tun hat, selbst wenn er dem Betreffenden nie begegnet und nur auf schriftlichem oder elektronischem Wege mit ihm oder ihr zu tun hat. Nach wie vor ist es für uns von ungeheurer Wichtigkeit, ob jemand zwei X-Chromosomen oder ein X- und ein Y-Chromosom hat, und wenn wir ihn diesbezüglich nicht eindeutig einordnen können, sind wir irritiert.

So einfach ist es jedoch nicht. Allein in Deutschland leben Schätzungen zufolge zwischen 80 000 und 100 000 Menschen, die nicht eindeutig dem einen oder anderen Geschlecht zuzuordnen sind. Dennoch wurde noch bis 2013 von Ärzten und Eltern verlangt, sich für eine der beiden Geschlechtskategorien zu entscheiden, und man mutete schon Babys sogenannte »geschlechtsangleichende« Operationen zu, oft mit schwerwiegenden körperlichen und psychischen Folgen.

Schon bevor wir einen Menschen überhaupt kennenlernen, wollen wir wissen, ob er Männchen oder Weibchen ist. Was er zwischen den Beinen hat, interessiert uns, zumindest für die erste grobe Einordnung, mehr als das, was er im Kopf hat. Also muss diese biologische Unterscheidung doch wohl einen ganz entscheidenden Unterschied machen. Männer und Frauen müssen so grundlegend verschieden sein, dass ihr Geschlecht eine größere Rolle spielt als alles andere. Oder?

Bei allem gibt es Moden. Bei Diäten, bei Rocklängen, sogar bei Weltanschauungen. Auch bei der Frage, was denn nun ein richtiger Mann oder eine richtige Frau ist, wechselt die Mode ab und zu mal. Lange Zeit hatte man sich darüber, was denn nun weiblich und was männlich sei, nicht übermäßig viele Gedanken gemacht. Männer waren Männer, Frauen Frauen, und damit hatte es sich.

Vor einigen Jahrzehnten waren viele dann plötzlich der Meinung, Kinder würden, was ihr Geschlecht betrifft, zwar grob in zwei Varianten geliefert, allerdings spiele das keine große Rolle. Man brauche Jungen und Mädchen nur völlig gleich zu erziehen, und schon gebe es keine Mann-Frau-Konflikte mehr und obendrein den Weltfrieden. Allerdings musste man irgendwann erkennen, dass kleine Mädchen sich in der Regel wenig dafür begeistern lassen, die Buddelkiste mit Baufahrzeugen zu durchpflügen, und dass kleine Jungs selten Neigung verspüren, die Glitzermähne eines Plastikponys zu kämmen. Abgesehen von einigen Unbelehrbaren räumten die meisten nun mehr oder weniger zähneknirschend ein, dass Jungs und Mädchen vielleicht doch unterschiedlich ticken. Es folgte eine Flut von Büchern, in denen erklärt wird, warum Männer dies nicht können und Frauen jenes nicht. Also war wieder einmal die Moderichtung auf dem Vormarsch, die verkündet, Frauen seien nun einmal Frauen und Männer Männer, und die Unterschiede zwischen ihnen beeinflussten uns offenbar doch viel stärker, als wir dies wahrhaben wollten.

Aber was stimmt denn nun? Gibt es diese naturgegebenen Unterschiede zwischen den Geschlechtern, die über die Anatomie hinausgehen, oder gibt es sie nicht? Und falls doch, wie bedeutsam sind sie? Wenn schon die Dreijährigen Supermacho und Prinzessin spielen – dann muss das doch etwas mit den Genen zu tun haben! Schließlich tun das zum Entsetzen ihrer Eltern auch diejenigen Kinder, die man absichtlich nicht besonders geschlechtsspezifisch erzogen hat.

Inwieweit Männer- und Frauenhirne sich unterscheiden, wissen wir heute erheblich besser als noch vor hundert Jahren, ebenso, welch unterschiedliche Hormonmixturen durch unsere Blutbahnen kreisen. Darüber, was das für unser Fühlen, Denken und Handeln bedeutet, wird allerdings häufig noch ebenso viel Unsinn verbreitet wie zur Zeit unserer Urgroßeltern. Vieles spricht dafür, dass wir das meiste, was wir für naturgegebene Unterschiede zwischen den Geschlechtern hielten, selbst produzieren.

Wenn also tatsächlich vieles von dem, was wir für typisch männlich oder typisch weiblich halten, eben nicht »auf den Genen« ist und nichts mit der Struktur unseres Gehirns zu tun hat – woher nehmen wir dann unsere Vorstellungen darüber?

Psychotherapeuten gehen davon aus, dass wir uns einen Großteil unseres Rollenverständnisses als Kind bei unseren Eltern abgeschaut haben. Man sagt Psychotherapeuten gern nach, sie hätten es »immer mit der Kindheit«, heißt, sie würden den frühen Lebenserfahrungen auch beim Erwachsenen noch große Bedeutung beimessen. Das Ausmaß, in dem sie das tun, hängt mit ihrer theoretischen Ausrichtung zusammen. Ich bin Tiefenpsychologin und gehöre damit einer Richtung an, die, wie schon der Name sagt, gern mal in den lebensgeschichtlich tieferen Schichten buddelt. Dabei stößt man unweigerlich auf das Unbewusste, das uns in diesem Buch häufig begegnen wird. Bei dem, was wir über das Mann- und Frausein denken, hat es eine ganze Menge mitzureden, wie ich Ihnen anhand von verschiedenen Beispielen noch aufzeigen werde. Auch wenn es um die Frage geht, wie Umwelt und Medien unsere Meinung diesbezüglich prägen, spielt es eine enorm große Rolle.

In Zeiten der *political correctness* gilt es beispielsweise mittlerweile als unfein, unterschiedlichen Nationalitäten bestimmte Eigenschaften zuweisen zu wollen. Was die Geschlechter betrifft, tun viele dies allerdings noch immer mit Begeisterung. Wie oft kommt uns »typisch Frau« oder »typisch Mann« über die Lippen, obwohl wir doch jeden Tag die Erfahrung machen, dass unser Leben sich längst nicht mehr in diese Kästchen pressen lässt. Als ich das letzte Mal im Baumarkt war, standen an der Kasse nur Männer mit baumarktuntypischen Minieinkäufen und Frauen, die schwere Bretter und lange Stangen auf ihre Wagen luden. Bestimmt war das Zufall, aber es fiel offensichtlich auch niemandem besonders auf.

Dennoch scheint die Beantwortung der Frage, welche Eigenschaften mit unserem biologischen Geschlecht einhergehen, weiterhin ein faszinierendes Thema zu sein. Wenn man zum Zwecke der Paarung unterwegs ist, spielt es natürlich eine ungeheuer große Rolle, ob das attraktive Wesen, das mir gegenübersteht, dem von mir sexuell bevorzugten Geschlecht angehört. Aber sonst?

Zur Fortpflanzung braucht man Männer und Frauen, seit Anbeginn der Menschheit. Und lange Zeit erschien eine Aufgabenteilung zwischen ihnen auch überaus sinnvoll. Frauen wurden häufig schwanger (wenn auch oft nicht viele ihrer Kinder überlebten), also versorgten sie den Nachwuchs und rührten nebenbei im Pilzeintopf. Die körperlich stärkeren Männer gingen auf die Jagd.

Erst seit wenigen Generationen gibt es zuverlässige Verhütungsmittel, die es den Frauen ermöglichen, selbst zu entscheiden, ob und wann sie Mutter werden wollen. In den wenigsten Berufen ist heute der gefragt, der die größte Körperkraft mitbringt. Unseren Pilzeintopf holen wir aus der Tiefkühltruhe oder bestellen ihn im Restaurant, und kaum noch jemand hält uns für eine Rabenmutter, wenn wir die Sprösslinge in die Kita bringen. Auch wenn es hier und da noch hakelt, sind zumindest in unserer Kultur alle Bedingungen für eine individuelle Lebensgestaltung günstig, die mehr Entscheidungsmöglichkeiten lässt als lediglich die zwischen Mammuttöter und Eintopfrührer.

Dass wir dennoch diese Zweiteilung nach wie vor auch dort noch bedeutsam finden, wo sie wenig oder gar nichts verloren hat, hängt zum Teil wahrscheinlich damit zusammen, dass Einordnungen prinzipiell das Leben erleichtern. Noch heute entscheiden wir in Sekundenbruchteilen, ob jemand, den wir kennenlernen, als eher freundlich oder eher feindselig einzustufen ist. So, wie unsere Vorfahren ihre Lebenserwartung erheblich steigern konnten, indem sie möglichst schnell herausfanden, ob sie ein Tier als potenzielle Nahrung betrachten durften oder ob es vielleicht genau umgekehrt war.

Schwierig wird es immer dort, wo Einordnungen nicht hilfreich sind, sondern im Gegenteil uns selbst oder andere in ihren Möglichkeiten beschneiden.

Häufig habe ich von Patientinnen beispielsweise gehört: »Meine ältere Schwester war immer die Schöne, ich die Kluge und die Jüngste die Schwierige.« Bei näherem Nachfragen (und dem zusätzlichen Betrachten alter Fotos) stellte sich dann heraus, dass weder Schönheit noch Klugheit oder Verhaltensauffälligkeit wirklich so eindeutig verteilt waren, sondern dass die Eltern selbst diese Rollen erst festlegten.

Viele Menschen brauchen also ganz offensichtlich diese Einordnungen. Sie haben leider etwas verloren, worüber sie als Kinder noch in hohem Maße verfügt haben: Neugier. Sie fühlen sich von der Vielfalt und Farbigkeit der Welt überfordert und reduzieren sie lieber auf Schwarz oder Weiß. Gut oder Böse. Richtig oder Falsch. Mann oder Frau.

Es wird wohl noch einige Zeit dauern, bis die Geschlechtszugehörigkeit für uns eine Eigenschaft unter anderen sein wird und nicht die eine, die alles andere überlagert.

Psychotherapeuten haben gelernt, genau hinzuschauen, jeden Menschen als Individuum wahrzunehmen und ihn nicht in eine Schablone zu pressen. Wir wissen, dass es Menschen guttut, wenn man ihnen in der Kindheit Halt und Unterstützung gibt, und dass es ihnen ebenso schadet, wenn man sie zu sehr einengt, wie wenn man sie zu früh allein lässt. Allzu strikte Festlegungen sind uns Therapeuten eher unbehaglich – vor allem, wenn sie einer wissenschaftlichen Grundlage entbehren. Wir halten so wenig davon, schon Kindern beibiegen zu wollen, wie ein richtiger Junge oder ein richtiges Mädchen sich zu verhalten haben, wie wir es ablehnen, ein Kind partout daran hindern zu wollen, sein Mädchen- oder Jungesein ausleben zu wollen. Etiketten-Verpassen ist etwas, das Psychotherapeuten hassen wie die Pest.

Ach, das überrascht Sie? Sie dachten, wir sind die Meister im Etiketten-Verpassen? Keine Ahnung, wie Sie darauf kommen. Offenbar kennen Sie Psychotherapeuten nur aus schlechten Filmen und noch schlechteren Witzen. Allenfalls lassen wir uns von den Krankenkassen dazu zwingen, unsere Patienten in ein Diagnoseschema zu zwängen, und selbst das tun wir meistens nur ungern. Wir haben es einfach mehr mit der Individualität. Wir glauben, dass es für Menschen am gesündesten ist, wenn sie herausfinden können, was ihrem ganz eigenen Wesen und ihren ganz eigenen Bedürfnissen entspricht, zumindest, solange sie andere damit nicht schädigen oder ihnen allzu sehr auf den Wecker fallen.

Wir Psychotherapeuten halten es für vorteilhaft, wenn Menschen sich selbst ein bisschen kennen. Man muss sich dann nicht so oft über sich wundern (oder andere über sich wundern lassen), kann seine Verhaltensweisen besser einschätzen und wird voraussichtlich auch mit geringerer Wahrscheinlichkeit psychisch krank.

Für unsere Patienten ist es zu Anfang einer Behandlung (und für den Rest der Bevölkerung grundsätzlich) schwer zu schlucken, dass wir keine einfachen Einteilungen vornehmen und schlichte Merksätze ausgeben, mit denen man geschmeidig und verletzungsfrei durchs Leben kommt. Sondern dass wir ihnen zeigen: Es gibt nur einen Maßstab, der gültig ist, und das ist dein eigener. Deshalb reagiere ich auch so hochallergisch auf jeden, der mir verkaufen will, irgendwie seien doch alle Männer so und alle Frauen anders. Ich habe nämlich noch niemanden getroffen, für den diese Festlegung hilfreich war, aber schon viele, denen sie sehr geschadet hat.

Wenn Sie mir einmal außerhalb von Buchdeckeln, in freier Wildbahn sozusagen, begegnen und mir gründlich auf den Wecker fallen wollen, brauchen Sie nur Sätze von sich zu geben wie »Männer können nun mal nicht treu sein« oder »Alle Frauen stehen auf George Clooney«.

Viel ist in den vergangenen Jahren darüber geschrieben worden, dass die größten Machos sich heute dort finden, wo Bildungs- und Zukunftschancen am geringsten sind. Zurzeit scheinen es vor allem die Jungs zu sein, die ins Hintertreffen geraten. Seit die Mädchen auf dem Vormarsch sind, weil Frauen sich nicht mehr einreden lassen, dass sie alles Mögliche nicht so gut können, geht es mit ihren männlichen Altersgenossen bergab. Bei den Abiturientenzahlen liegen die Mädchen vorn, bei den Schulabbrechern die Jungen. Woran liegt das? Haben die Frauen es übertrieben mit der Emanzipation und sollten sich gefälligst wieder ein bisschen zurücknehmen, damit das offenbar doch nicht so robuste männliche Selbstwertgefühl keinen Schaden nimmt?

Ich vermag nicht zu glauben, dass wir weiterkommen, indem wir wieder zurückgehen. Außerdem – wie wäre es um die Stärke der Männer bestellt, wenn sie sich nur entfalten könnte, solange das andere Geschlecht entweder unterdrückt wird oder sich absichtlich doof stellt? Nein, auf diese Art von Stärke können die meisten Männer unseres Kulturkreises mittlerweile verzichten. Und auf die, die es nicht können, können die Frauen verzichten.

Unsere Zeit und unsere Kultur bieten die Möglichkeit, sich selbst zu entfalten, die eigenen Fähigkeiten zu entdecken und zum Blühen zu bringen. Dabei bin ich nicht übertrieben optimistisch. Schließlich kommen zu uns Psychotherapeuten genau die Menschen, deren Potenzial Fesseln angelegt wurden, die nicht wissen, was ihnen guttut, denen es mitunter schwerfällt, den einfachsten Erfordernissen des Alltags nachzukommen.

In diesem Buch möchte ich mich auf die spezielle Form von Fesseln beschränken, die wir uns selbst anlegen, wenn wir in allzu begrenzten Vorstellungen darüber verharren, was männlich und was weiblich ist.

Was ist mit den Jungen und Männern los? Warum machen sie sich das Leben so schwer? Damit werden wir uns im zweiten Teil beschäftigen. Im dritten Teil geht es darum, wie das Verharren in der herkömmlichen Geschlechterrolle sich negativ auf Frauen auswirken kann, und im vierten Teil darum, was passiert, wenn die zwei Geschlechter schließlich aufeinandertreffen.

Doch zunächst werden wir uns anschauen, welche Rolle der Teil von uns bei der ganzen Geschichte spielt, der uns spätestens begleitet, seit wir unseren ersten Schrei getan haben. Nein, er befindet sich nicht zwischen unseren Beinen. Er ist unsichtbar, die meisten Menschen haben keine Ahnung, dass er überhaupt existiert, und er prägt in entscheidendem Maße unser Denken und unsere Entscheidungen.

Keine Angst, was Sie hier in der Hand halten, ist weder ein unverständliches Fachbuch noch ein staubiger Ratgeber. Ich möchte nur ein wenig mit Ihnen darüber plaudern, welche riesengroße Rolle unser Unbewusstes spielt, wenn es um das Männer-Frauen-Thema und um die Beziehung der Geschlechter zueinander geht. Vor allem *die* Psychotherapeuten, die es immer mit der Kindheit haben, haben es wie erwähnt ebenso mit dem Unbewussten. (Ja, Sie dürfen es auch »Unterbewusstsein« nennen, wenn Sie wollen, es ist ja Ihres, da sind Kosenamen okay. Wissenschaftler sprechen allerdings vom Unbewussten.)

Also, begleiten Sie mich bei einer kleinen Exkursion? Wir werden dem Cola-light-Mann begegnen, eine Barbiepuppe vermessen und Erstaunliches über die Wirksamkeit von Vibratoren erfahren.

Zwischendurch können Sie auch mal einen kurzen Blick durchs Schlüsselloch in meinen Alltag als Psychotherapeutin werfen. Und in Ihr eigenes Gehirn.

KAPITEL 1

LEBEN UND LIEBEN LERNEN

Die ersten Weichen sind rosa und hellblau

Zunächst einmal müssen wir über die Zeit reden, in der wir noch viel zu klein sind, um überhaupt zu wissen, ob wir Mädchen oder Junge sind. Dafür interessiert dieses Thema unsere Umgebung umso brennender. Wahrscheinlich ist unsere Kleidung zunächst überwiegend rosa oder hellblau. »Auf den Genen« hat unsere Spezies diese Unterscheidung übrigens bestimmt nicht. Früher wurde Rot eher mit Männlichkeit in Verbindung gebracht, da es eine bevorzugte Farbe bei Militäruniformen war, und Blau mit Weiblichkeit, da es als Marienfarbe galt.

Erst seit den Zwanzigerjahren des vergangenen Jahrhunderts ist die Rosa-Hellblau-Einteilung in Mode.

Tragen Babys geschlechtsneutralere Farben ohne aussagekräftige Applikationen wie Puppen oder Lokomotiven darauf, lautet die bevorzugte Frage neugieriger Passanten garantiert:

»Was ist es denn?« Manchen Hundebesitzern ist es unangenehm, wenn ihr Tier ständig am Hinterteil eines anderen herumschnüffelt, aber unsere Eltern geben Fremden Auskunft darüber, was wir unter der Windel haben, und sie tun es stolz und bereitwillig.

Kaum können wir die ersten Worte brabbeln, werden wir von Onkeln und Tanten gefragt: »Ja, was bist du denn? Bist du ein Bubele oder ein Mädele?«

Lange bevor uns selbst dieses Thema auch nur im Entferntesten interessiert, lernen wir: In der Welt, in die wir nun hineinwachsen, ist diese Unterscheidung offenbar von ungeheurer Bedeutung.

Wir selbst haben in diesem Alter allerdings noch erheblich Wichtigeres zu tun, als uns um unsere Geschlechtszugehörigkeit zu kümmern. Jetzt müssen wir erst einmal praktisch alles über das Leben lernen, damit es gelingt.

Bei einer Meeresschildkrötenmutter würde die Vorstellung einer achtzehn Jahre währenden Erziehungspflicht nur auf verwundertes Kopfschütteln stoßen. Sie sucht ein geschütztes Plätzchen an einem sonnigen Strand, hebt eine Grube aus, legt eine größere Anzahl Eier hinein, buddelt das Loch wieder zu und verschwindet auf Nimmerwiedersehen. Sie wird sich nie Sorgen darüber machen, wie viele ihrer Kinder unmittelbar nach dem Schlüpfen von Raubvögeln gefressen werden. Geschweige denn darüber, ob ihnen abends in der Disco jemand K.-o.-Tropfen in den Drink gießt.

Wir Menschen hingegen sind *keine* Nestflüchter. Wir kommen auf die Welt, weil es der Wirtin aus unterschiedlichen

Gründen nicht länger zuzumuten ist, uns zu beherbergen. Nicht deshalb, weil wir jetzt groß genug sind, uns der Welt auf eigene Faust zu stellen. Vielmehr geschieht es, obwohl wir noch völlig hilflos sind und auch auf viele Jahre hinaus noch nicht imstande sein werden, für uns selbst zu sorgen. Ab jetzt brauchen wir Menschen, die nicht nur dafür sorgen, dass wir weder verhungern noch erfrieren, sondern die uns die entscheidenden Grundlagen dessen beibringen, was wir über das Leben und über uns selbst wissen müssen. Dafür ist es gut, Eltern zu haben, die im besten Sinne erwachsen sind. Sie dürfen gern auch noch eine Menge kindliche, alberne oder verspielte Anteile in sich haben. Aber sie sollten imstande sein, für sich selbst und andere Verantwortung zu übernehmen, über ein gesundes Maß an Selbstkontrolle verfügen und einigermaßen brauchbare Vorbilder sein.

Die erste Phase unseres Lernens, in der sich der Kern unserer Persönlichkeit bildet, beginnt (spätestens) mit der Geburt und endet mit etwa eineinhalb Jahren. Nach Ansicht vieler Wissenschaftler ist genau diese erste Zeit die wichtigste Phase unseres Lebens überhaupt.

Moment, Moment! Wie soll das denn gehen?, fragen Sie sich jetzt vielleicht. Wie kann ausgerechnet die Zeit, an die Sie sich nicht erinnern können, so wichtig sein? Schauen wir uns zunächst also an, wie das mit der Erinnerung überhaupt funktioniert und wie Ihr Gedächtnis sich entwickelt hat.

Mit einem halben Jahr konnten Sie sich gerade noch an etwas erinnern, das Sie am Tag zuvor ganz frisch gelernt hatten. Mit einem Dreivierteljahr reichte Ihr Erinnerungsvermögen an ein besonderes Ereignis schon einen Monat zurück, und als

Eineinhalbjähriges konnten Sie sich etwas schon vier Monate lang merken. Aber erst etwa zu der Zeit, als Sie anfingen zu sprechen, blieben Erlebnisse dauerhaft in Ihrem Gedächtnis erhalten.

Hirnforscher gehen davon aus, dass alles, was wir jemals erlebt haben, noch in uns vorhanden ist. Allerdings ist es für uns normalerweise nicht zugänglich. Bei manchen Menschen, die einen Gedächtnisverlust erlitten haben (es sind sehr viel weniger, als man bei der Anzahl von Krimis zu diesem Thema glauben könnte), ist die Blockade, zumindest was die persönlichen Erinnerungen betrifft, absolut. Bei einigen ganz wenigen Menschen auf der Welt hingegen ist diese Blockade komplett zerstört worden, beispielsweise durch einen Unfall. Diese Menschen wissen noch genau, was sie an einem ganz bestimmten Tag vor vierzehn Jahren zum Abendessen hatten. Und am Abend davor und am Abend danach. Sie wissen es von jedem Abend. Sie wissen, welches Wetter an diesem Tag war, welche Kleidung sie trugen und so weiter. Sie erinnern sich an *alles*. Das ist nicht besonders angenehm, denn die Erinnerungen laufen unkontrollierbar in einer Art Endlosschleife vor ihnen ab. Man geht davon aus, dass die Unfähigkeit, sich an alles vollständig erinnern zu können, normalerweise deshalb existiert, damit in unserem Gehirn mehr Platz für anderes ist, vor allem für den Kontakt mit anderen Menschen.

Damit Menschen sich selbst besser verstehen können, ist es hilfreich zu wissen, welch große Rolle für unser Erleben die Bereiche in unserer Erinnerung spielen, zu denen wir *keinen*

Zugang haben. Wenn Hirnforscher sagen, dass das, was *im Augenblick* in unserem Bewusstsein vorhanden ist, nur einen unglaublich winzigen Bruchteil dessen ausmacht, was in unseren Köpfen gespeichert ist, ist das noch einleuchtend.

Schwieriger wird es schon, wenn sie uns nachweisen, dass ein riesengroßer Anteil dessen, was unser Denken und Handeln bestimmt, *unbewusst* ist. Psychoanalytiker erzählen uns das seit über hundert Jahren. »Das Ich ist nicht Herr im eigenen Haus«, meinte einst Sigmund Freud, der Begründer der Psychoanalyse. Diese Annahme wurde nicht nur zu seiner Zeit mit Unbehagen aufgenommen. Erst hatte Kopernikus verkündet, die Erde sei nicht der Mittelpunkt des Universums, dann kam Darwin und meinte, der Mensch sei nicht die Krone der Schöpfung, und nun sollte man nicht einmal mehr in der eigenen Psyche der Chef sein?

Lange Zeit konnte man Freuds Theorien glauben oder nicht. Die Hirnforscher sind inzwischen allerdings zu der Einsicht gekommen, die Psychoanalytiker hätten noch stark untertrieben mit dem, was das Ausmaß des Unbewussten in uns angeht.

Dass es in Ihnen etwas gibt, das Ihre Handlungen steuert und von dessen Existenz Sie trotzdem keine Ahnung haben, ist kein Grund, sich zu gruseln. In anderen Bereichen gibt es das schließlich auch. Viele Vorgänge laufen im Inneren Ihres Körpers ab, ohne dass Sie es im Geringsten mitkriegen. Von manchen wollen Sie es auch gar nicht so genau wissen, andere wiederum steuern Sie mehr oder weniger bewusst. *Mein Bein schläft gleich ein, ich stell mich mal ein bisschen anders hin,* ist eine einigermaßen bewusste Entscheidung. Ihre Verdauung hingegen läuft überwiegend ab, ohne Sie großartig zu behelligen, und das finden Sie wahrscheinlich auch gut so.

Die Grundlagen Ihres Unbewussten werden in der ersten Zeit Ihres Lebens gelegt, sogar schon vor der Geburt. Im Laufe Ihres Lebens verknüpft Ihr Gehirn dann unzählige Dinge miteinander, ohne dass Sie das überhaupt mitkriegen. Eine der wichtigsten Aufgaben einer psychotherapeutischen Behandlung besteht darin, herauszufinden, wo etwas falsch verknüpft wurde, dies bewusst zu machen und neue, richtige Verknüpfungen herzustellen. Zum Unbewussten Zugang zu erlangen, ist nicht ganz einfach. Hilfreich ist aber zumindest, zu akzeptieren, dass es überhaupt existiert. Und dass es unser Denken, unsere Gefühle und unser Verhalten zu einem großen Teil steuert.

Da das, was wir über das Frausein, das Mannsein und über Beziehungen zu wissen glauben, sehr viel mit dem zu tun hat, was wir unbewusst gelernt haben, ist es wichtig, zunächst einmal zu verstehen, wie das Unbewusste so arbeitet.

Wenn du denkst, du denkst, dann denkst du nur, du denkst

So sang Juliane Werding früher einmal, und es beschreibt sehr gut, wie unser Unbewusstes funktioniert, aber auch, welche Beziehung wir zu ihm haben. Tag für Tag machen wir neue Erfahrungen, ohne dass die Sinneseindrücke, die auf uns einprasseln, durch die schmale Pforte der bewussten Wahrnehmung marschieren. Die meisten nehmen die sehr viel größere Hintertür und landen direkt in unserem inneren Speicher.

Eine befreundete Autorin meinte neulich zu mir: »Kennst du das auch: Sobald man anfängt, sich mit einem Thema zu beschäftigen, taucht es plötzlich überall auf?« Das zeigt sehr schön den Unterschied zwischen dem, was wir jeden Tag wahrnehmen und einspeichern, ohne dass es uns bewusst wird, und der gerichteten Wahrnehmung. Wenn wir anfangen, uns für Rosenzucht zu interessieren, sind plötzlich alle Gärten voller Rosen, und im Fernsehen gibt es ständig Sendungen zu diesem Thema. Natürlich haben die Gärten sich nicht über Nacht verändert, und auch die Fernsehprogramme sind nicht nach unseren Vorlieben umgestaltet worden. Bisher ist nur alles, was mit dem Rosenthema zusammenhing, an uns vorbeigerauscht, durch die Hintertür direkt in den inneren Speicher marschiert, wo es in der gigantischen Lagerhalle mit der Aufschrift *Völlig nutzloser Krempel* eingeschlossen und vergessen wurde.

Ein Beispiel dafür, wie wenig unser Denken und unsere Erinnerungen oft mit der Realität zu tun haben, ist die Tatsache, dass praktisch alle Deutschen fest davon überzeugt sind, in ihrer Kindheit habe es sehr viel häufiger weiße Weihnachten gegeben als heutzutage. Aber da sind die Wetterforscher und ihre Statistiken beinhart: Zumindest im Flachland kommen weiße Weihnachten im Schnitt nur alle sieben bis zehn Jahre vor. Daran hat sich im Verlauf des letzten Jahrhunderts nichts geändert. Eher waren die letzten Jahre sogar wieder etwas schneereicher. Den Rest dichtet unser Unbewusstes dazu.

Aber wie kann es überhaupt geschehen, dass wir uns so irren? Wir waren doch schließlich selbst dabei, haben die frühlingshaft sonnigen oder grau-verregneten Weihnachtsfeste selbst erlebt!

Das, was wir über Weihnachten wissen, speist sich eben nicht nur aus dem, was wir bewusst wahrgenommen haben, sondern aus all dem, was wir persönlich mit dem Begriff Weihnachten verbinden. Von klein auf haben wir mitbekommen, wie unsere Eltern sich darüber unterhalten haben, ob es dieses Jahr wohl weiße Weihnachten geben wird oder nicht, und dass sie enttäuscht waren, wenn es dann nicht der Fall war. Da konnten wir das Wort Statistik noch gar nicht buchstabieren. Auf praktisch jeder Weihnachtspostkarte liegt der Schnee mindestens knöchelhoch. Grund genug für unser Unbewusstes, die Begriffe »Weihnachten« und »Schnee« in unserem Hirn nicht nur nebeneinander aufzubewahren, sondern sie mit einem ganz dicken Tau zu verknüpfen.

Merken Sie sich das Beispiel mit den weißen Weihnachten. Wir werden es noch gut gebrauchen können, wenn es darum geht, was unser Unbewusstes uns zum Thema Männer und Frauen so alles als Gewissheit andrehen will.

Manches in unserem Unbewussten befindet sich relativ dicht an der Oberfläche und ist leicht ins Bewusstsein zu holen. Anderes versteckt sich tief unten.

Wenn man jemanden trifft, der panische Angst vorm Zahnarzt hat, und ihn fragt, woher das kommt, kann er unter Umständen ohne langes Nachdenken sagen: »Vielleicht hängt das damit zusammen, dass ich als kleines Kind so schlechte Erfahrungen mit unserem Zahnarzt zu Hause gemacht habe. Ein richtiger Metzger war das.« Vielleicht hat er diesen Zusammenhang noch nie für sich selbst so benennen können, weil er noch nie darüber nachgedacht hat, woher seine Angst kommt.

Er hat sie einfach als gegeben genommen. Sein Gehirn hat nicht um Erlaubnis gefragt, als es vor langer Zeit die Bereiche »Zahnarzt« und »Aua« miteinander verknüpft hat. Bei Menschen, die mehr Glück hatten, sind stattdessen in der Kindheit möglicherweise die Bereiche »Zahnarzt« und »bisschen Aua, aber kleines Spielzeugauto geschenkt bekommen« miteinander verknüpft worden. Sie können nicht nachvollziehen, warum andere Menschen ihre Zähne eher verfaulen lassen als ihre Angst zu überwinden, und sind der Ansicht, man gehe vielleicht nicht unbedingt gern zum Zahnarzt, aber unterm Strich lohne es sich doch. Solche Erinnerungen, die sich relativ leicht aktivieren lassen, nennt man *vorbewusst*.

Andere Verknüpfungen, die unser Gehirn hinter dem Rücken unserer bewussten Wahrnehmung irgendwann hergestellt hat, sind uns weitaus weniger zugänglich. Da braucht es auch in einer Psychotherapie unter Umständen einige Zeit und harte Arbeit des Therapeuten, bis sie aufgedeckt sind. Hierzu ein Beispiel aus meiner psychotherapeutischen Praxis:

Es handelt sich um eine Patientin, die ihr Übergewicht lange vergeblich bekämpft hat. Sobald etwas Essbares vor ihr steht, ist sie machtlos. Sie hat sich der allgemein vorherrschenden Meinung angeschlossen, sie sei einfach willensschwächer als andere. In der Behandlung haben wir schon von allen Seiten beleuchtet, was Essen und gemeinsame Mahlzeiten in ihrer Familie bedeuteten, mit anderen Worten, was sich alles mit Nahrungsaufnahme verknüpft haben könnte. Nichts davon hat bisher eine ausreichend überzeugende Erklärung geliefert. In diese Sitzung kommt die Patientin sehr aufgeregt und erzählt: »Mir ist noch etwas eingefallen, das hatte ich total vergessen. Ich war als Kind ja eher dünn, und vielleicht hatten meine Eltern Angst, ich esse zu wenig. Jedenfalls kann ich mich jetzt wieder erinnern, dass meine Mutter mir immer Riesenportionen aufgeladen hat. Mir war das viel zu viel, und irgendwann konnte ich dann auch meistens nicht mehr.« Sie stockt.

»Und was war dann?«, frage ich.

»Dann musste ich so lange sitzen bleiben, bis ich alles aufgegessen hatte. Ich saß oft heulend stundenlang allein in der Küche vor dem Teller, wo inzwischen natürlich alles kalt geworden war. Aber es half nichts. Ich durfte erst aufstehen, wenn alles aufgegessen war.«

Du musst alles aufessen, was auf deinem Teller liegt. Das hatte sich dieser Patientin unauslöschlich eingebrannt. Die Verknüpfung »Nahrung« und »alles aufessen« wirkte fort, die Ursache dieser Verknüpfung war lediglich lange Zeit ins Unbewusste gerutscht.

Normalerweise ist das ja eigentlich eine nützliche Sache, dass unser Gehirn so nett ist, die Flut an eingehendem Material irgendwie zu sortieren und in Zusammenhänge zu bringen, anstatt alles einfach ungeordnet auf einen Haufen zu werfen und unser Denken dadurch zu erschweren. Wenn wir die innere Instanz nicht hätten, die diese Verknüpfungen herstellt, wären wir nicht lebensfähig. Pausenlos trifft sie für uns Entscheidungen, ohne dass wir es mitkriegen. In vielem ähnelt sie dem, was wir bei Tieren Instinkt nennen würden. Schwierig wird es immer dann, wenn wir instinktiv etwas tun, das auf falschen Verknüpfungen beruht oder darauf, dass wir etwas gelernt und ins Unbewusste eingelagert haben, was schlicht und einfach ein Irrtum oder gar schädlich ist.

Von Anfang an formt sich unser Weltbild in erster Linie durch das, was wir erleben, nicht durch das, was wir darüber denken. Umso wichtiger ist es, dass in den ersten Lebensjahren, die nach Meinung vieler Wissenschaftler ja die wichtigsten sind, nichts schiefgeht, indem wir ungünstige Verknüpfungen herstellen.

Selbst das meiste von dem, was wir zu der Zeit erlebt haben, an die wir uns noch erinnern können, ist ins Unbewusste gerutscht, und es braucht Mühe, es wieder hervorzuholen. An die allerersten Lebensjahre jedoch kann sich kein Mensch erinnern. Was wir damals erlebt haben, befindet sich unwiderruflich und komplett im Unbewussten. Dennoch ist es mindestens so bedeutsam für unser Verhalten und unser Denken wie alles, was danach passiert ist.

Natürlich lernen wir auch nach den ersten eineinhalb Jahren noch eine Menge. Aber diese Zeit, in der unser Gehirn gewaltige Entwicklungen macht, ist mit entscheidend dafür, wie wir uns selbst und die Welt wahrnehmen, ob wir sie für einen schönen, sicheren Ort halten oder für die Hölle, ob wir uns selbst und andere lieben können oder ob Selbstzweifel und Hass unser Leben bestimmen. Diese Zeit spielt auch eine große Rolle dabei, wie wir später Beziehungen im Allgemeinen und Partnerschaften im Besonderen leben können. Wie in anderen Bereichen, so gilt auch hier: Wenn schon die Fundamente nicht solide sind, wird es schwierig, darauf etwas aufzubauen, das den Stürmen des Lebens standhält.

Zu mir kommen immer wieder Patienten, die beispielsweise von Ängsten geplagt werden, die sie sich absolut nicht erklären können. Dass psychische Probleme irgendwie mit der Kindheit zusammenhängen können, wissen sie, aber das macht die Sache für sie nicht einleuchtender. Sie seien doch in einer liebevollen, harmonischen Familie aufgewachsen, meinen sie. Doch selbst bei denen, die der festen Überzeugung sind, ihre Mutter sei die liebste und einfühlsamste Frau der Welt gewesen, kann einiges geschehen sein, das ihnen nachhaltig geschadet hat. Häufig waren ihre ersten eineinhalb Jahre eben doch nicht so, wie es für ein optimales Gedeihen erforderlich gewesen wäre. Mitunter erfährt man solche wichtigen Fakten erst auf Nachfrage von den Eltern, zum Beispiel, dass die Mutter im ersten Lebensjahr ihres Kindes schwer erkrankt und deshalb mehrere Monate von ihm getrennt war. Bisher haben sie es nicht erzählt, weil sie es nicht für bedeutsam hielten oder ihr Kind nicht beunruhigen wollten. Warum sollte man schlafende Hunde wecken?

Was Sie in den ersten Jahren erlebt haben, hat dauerhaft Aufbau und Funktion Ihres Gehirns verändert. Bei Kindern, die die ersten eineinhalb Jahre in lieblosen, vernachlässigenden Familien verbracht haben, lässt sich eine Erhöhung des Stresshormonspiegels im Blut im Vergleich zu anderen Kindern Jahre später selbst dann noch nachweisen, wenn sie schon lange bei liebevollen Adoptiveltern leben. Diese Unterschiede prägen auch ihr Verhalten, obwohl sie sich an die Ursachen nie mehr werden erinnern können.

Wenn wir hingegen Glück haben, ist unsere Hauptbezugsperson (meist die Mutter) in dieser Zeit jemand, der auf unsere Äußerungen, egal, ob wir Freude, Schreck oder Ärger ausdrücken, prompt reagiert, angemessen und mit Feingefühl.

Wenn das bei Ihnen der Fall war, kann man Sie nur beglückwünschen. Dann besitzen Sie eine Schutzimpfung fürs ganze Leben. Sie haben die besten Voraussetzungen für psychische Stabilität im Kindes- wie im Erwachsenenalter mitbekommen und gegenüber anderen Menschen deutlich erhöhte Chancen, nie ein Zimmer in einem psychiatrischen Krankenhaus oder gar eine Gefängniszelle beziehen zu müssen.

Wenn wir schließlich imstande sind, uns robbend, laufend und später auch rennend fortzubewegen, bieten diese guten ersten Erfahrungen die besten Voraussetzungen dafür, eine gesunde Neugier auf die Welt zu entwickeln und sie erkunden zu wollen.

Und dann entdecken wir irgendwann auch die Sache mit den zwei Geschlechtern.

Da wir praktisch alles von den Eltern und den anderen wichtigen Menschen unserer Umgebung lernen, gehört dazu auch das Wissen darüber, was Männer und Frauen denn eigentlich ausmacht.

Für einen Jungen stellt sich die Frage: »Was ist ein Mann?«, relativ früh, nämlich dann, wenn er feststellt, dass er ein Junge ist und später einmal ein Mann werden soll. Das ist mit etwa zwei bis drei Jahren der Fall. Wenn er dann einen Vater (oder auch nur überhaupt ein männliches Vorbild) hat, der verlässlich da ist, liebevoll, verantwortungsbewusst und ohne größere psychische Macken, also einer, bei dem man sich wichtige Sachen abgucken kann, hat er Glück gehabt.

Ein Mädchen kann die Sache mit der Geschlechtsidentität entspannter angehen, denn für sie stellt sich die Frage danach oft erst sehr viel später.

Für beide, Jungen wie Mädchen, besteht allerdings die Gefahr, dass sie Opfer falscher Bilder und Vorbilder werden, die ihre Entwicklungsmöglichkeiten einengen.

Schauen wir uns das also einmal an und widmen uns zunächst etwas ausführlicher unserem aktuellen Sorgenkind, dem modernen Mann.

Und wir fragen uns: Was ist bloß los mit ihm?

KAPITEL 2

DER NICHT-WIE-MAMA-MANN

Der Penisneid hat abgedankt

Was die Beziehung der Geschlechter untereinander betrifft, könnte es doch so einfach sein. Nach aktuellem Stand der Technik brauchen Frauen Männer, um sich fortzupflanzen, und Männer Frauen. Eigentlich wäre das alleine Grund genug, sich gegenseitig zu schätzen und zu lobpreisen. Da die Vermehrung in unserer Kultur und außerhalb eines Hühnerhofs am besten klappt, wenn man etwa gleich viele Männer und Frauen hat, sollten Jungen und Mädchen eigentlich auch gleich viel wert sein.

Warum das mit der gegenseitigen Wertschätzung oft nicht so ganz klappt, kann die Biologie allein nicht erklären. Diesbezüglich hat sich in den vergangenen Jahrzehnten einiges getan, wenn auch noch lange nicht genug. Weder Handwerksbetriebe noch Königshäuser müssen händeringend auf die Geburt eines männlichen Stammhalters warten, damit der Laden weiterlaufen kann. Den meisten Eltern ist es heute zum Glück einigermaßen egal, ob sie ein Mädchen oder einen Jungen haben werden.

Zwar haben manche Mutter oder mancher Vater immer noch klare Präferenzen. Aber die haben meist mehr mit den eigenen lebensgeschichtlichen Erfahrungen zu tun als mit dem kulturellen Umfeld, das es früher – entgegen allen biologischen Fakten – der Frau anlastete, wenn es ihr nicht gelang, einen männlichen Erben zu produzieren.

Als Begründung werden selten die klassischen Rollenklischees genannt, sondern diese Wünsche haben eher damit zu tun, wie man selbst zum eigenen Geschlecht und zum anderen steht. Die Frau, die als kleines Mädchen ihre Kindheit genossen hat, kann sich gut vorstellen, eine Tochter zu haben. Der Mann, der seine Zeit als kleiner Junge in bester Erinnerung hat, freut sich schon darauf, all die schönen Dinge noch einmal mit seinem Sohn erleben zu dürfen.

Alles ist demnach erheblich entspannter geworden. Könnte man meinen.

Für kleine Mädchen trifft das tatsächlich zu. Vor hundert Jahren waren die Herrschaften, die sich mit der menschlichen Psyche befassten, noch der Meinung, kleine Mädchen hätten es erheblich schwerer als Jungs. Zum einen komme das daher, weil die Kinder mehr mit der Mama als mit dem Papa zu tun haben. Sie war den ganzen Tag zu Hause, er den ganzen Tag weg, irgendwo draußen in einer Welt, von der ein Kind noch nicht viel wusste. Für den Jungen sei die Sache einfach, dachte man. Zuerst habe er die Mama lieb, später irgendwann eine andere Frau, da müsse er nicht groß umlernen.

Für das Mädchen hingegen sei die Sache bedeutend schwieriger. Zuerst habe sie die Mama lieb, dann wolle sie den Papa heiraten, dann müsse sie einsehen, dass das nicht geht, und sich bei der Mama abgucken, wie Frauen so sind, und dann müsse sie sich irgendwann auf einen einstellen, der aus der fremden Welt der Männer kommt, von der das Mädchen so gar nichts weiß. Alles höchst kompliziert.

Und das war, so dachte man damals, nur das eine Problem. Das andere sei, dass kleine Mädchen es deshalb so schwer hätten, weil sie sich benachteiligt fühlten. Nicht deshalb, weil sie ahnten, dass sie später für die gleiche Arbeit weniger Geld bekämen, weil Wirksamkeit und Dosierung von Medikamenten fast nur an Männern getestet wurden und weil sie in wesentlichen Bereichen der Wirtschaft unterrepräsentiert waren. Nein, man war der festen Ansicht – bitte lachen Sie nicht –, kleine Mädchen fühlten sich kleinen Jungs deshalb unterlegen, weil sie sie glühend um ihren Pillermann beneideten. *Penisneid* nannte man das. Sigmund Freud – und nach ihm viele andere Psychoanalytiker – war der Meinung, das kleine Mädchen müsse neidisch auf die Ausstattung des kleinen Jungen sein, oder doch zumindest darauf, dass der im Bogen pinkeln kann.

Dauerhaft konnte sich die Idee mit dem Penisneid allerdings nicht durchsetzen, schlicht und einfach deshalb, weil sie nicht wirklich einleuchtend war. Wenn überhaupt, müssten schließlich die Mädchen den Neid der Jungen auf sich ziehen. Immerhin verfügen Frauen über die unfassbare Fähigkeit, Kinder gebären und stillen zu können, und darüber hinaus bezeichnet man auch noch sie, nicht die Männer, im Allgemeinen als das schöne Geschlecht.

Nein, wirklich überzeugen konnte die Sache mit dem Penisneid nicht. In der Tat habe ich von vielen Frauen gehört, dass der erste Anblick des nackten Brüderchens in ihnen keinen Neid, sondern vielmehr Mitleid ausgelöst hatte. Sie waren fest davon überzeugt, der arme Kerl leide unter einer schweren Krankheit, weil er da unten so seltsam geformt war. Dass ihnen eingebläut wurde, man dürfe das Brüderchen dorthin auch nicht boxen oder treten, überzeugte sie endgültig davon, dass das Ding zwischen seinen Beinen nicht nur exotisch aussah, sondern darüber hinaus auch noch gänzlich unpraktisch war.

Da wir das Thema Penisneid damit also erledigt hätten, könnten wir eigentlich davon ausgehen, dass beide Geschlechter, was das Selbstwertgefühl und die Wertschätzung des jeweils anderen betrifft, mit gleichen Voraussetzungen ins Leben starten. Jungen müssten Mädchen schätzen (und umgekehrt) und Frauen Männer (und umgekehrt).

Stellt sich nur eine Frage: Warum, zum Kuckuck, müssen kleine Jungs immer wieder in so ungeheuer nervender Weise betonen, dass sie keine Mädchen sind?

Du bist so ein Mädchen!

Vor einigen Tagen unterhielt sich im ARD-Morgenmagazin ein Moderatorenpaar über das Wetter. Der Mann meinte, er hasse den Herbst, es sei kalt, und er habe Schnupfen. »Du bist sooo ein Mädchen!«, entgegnete seine Kollegin im Ton tiefster Verachtung.

»Mädchen« ist also offenbar ein Schimpfwort. Bedeutet das, dass es also doch nach wie vor erstrebenswert ist, ein Junge zu sein, und schrecklich, als Mädchen geboren zu werden? Woran liegt es, dass Jungen es als Schande empfinden, als Mädchen bezeichnet zu werden?

Mädchen sehen das viel lockerer. Man kann kaum eines von ihnen beleidigen, indem man meint, es verhalte sich wie ein kleiner Junge. Jungs hingegen sind schwer verunsichert bis tödlich beleidigt, wenn man sagt, sie benähmen sich wie Mädchen.

Und es ist ja nicht so, dass Menschen aus dieser Mädchenverachtung irgendwann einmal herauswachsen. Bei manchen Exemplaren zieht sie sich durchs ganze Leben. Wenn ein Feldwebel seine Rekruten mit »Mädels! Alle mal herhören!« anspricht, ist das kein Zeichen besonderer Hochachtung, sondern er will ihnen damit zeigen, dass sie sich noch eine ganze Zeit lang beleidigen lassen müssen, bis sie selbst Feldwebel sind und andere beleidigen dürfen. Und wenn der Leitwolf einer Motorradclique seinen Kumpels mitteilt: »Mädels, heute Abend geht's in die Stadt«, so bedeutet das übersetzt: Wir sind so harte Kerle, wir halten es sogar aus, wenn man uns als Mädchen bezeichnet.

Bedeutet das, dass ein Mädchen weniger wert ist? Das wäre schlimm und ein Zeichen dafür, dass die Eltern ihrem Kind Schwachsinn vermittelt hätten. Also muss der Grund ein anderer sein.

Die meisten Wissenschaftler, die sich mit diesem Thema befassen, sehen die Ursache darin, dass auch heute noch beide,

Junge wie Mädchen, zunächst einmal mehr mit Mama als mit Papa zu tun haben.

Früher, Sie erinnern sich, ging man davon aus, dass diese Tatsache eher dem Mädchen das Leben schwer machen würde. Erst Mama, dann Papa, dann wieder Mama, dann Mann – das musste Frauen ja wirr im Kopf und neurotisch machen. Dachte man. Aber, wie gesagt, auch in der Wissenschaft gibt es Moden. Und die jetzige Mode besagt, dass die Tatsache, dass Jungs wie Mädchen überwiegend von der Mutter erzogen werden, eher die Jungs (und damit die späteren Männer) ein bisschen wirr im Kopf werden lässt.

Für das Mädchen ist die Sache, wie man glauben könnte, einfach. (Dass es nicht ganz so einfach ist, werden wir später sehen.) Sie schaut sich bei der Mama ab, was die so tut, macht einfach alles nach und wird niemals unangenehm auffallen. Wahrscheinlich hat sie zwischendrin eine Phase, wo sie Papa viel toller findet als Mama. Aber nicht, weil sie einmal so werden möchte wie er. Nein, sie möchte ihn heiraten, und Mama soll als Putzfrau bei ihnen bleiben. Das gehört dazu, findet im Kindergartenalter statt, und meist ist der Spuk spätestens im ersten Schuljahr vorbei. Sobald das Mädchen feststellt, dass Papa sich nur für total langweilige Dinge interessiert, gibt sie die Idee, Männer seien auch ganz annehmbare Wesen, erst einmal wieder für etwa zehn Jahre auf. Und unterhält sich in dieser Zeit mit Mama über die wirklich wichtigen Dinge des Lebens, zum Beispiel darüber, dass Pink eine bedeutend hübschere Farbe ist als Blau.

Beim kleinen Jungen verläuft die Geschichte erheblich holpriger. Er findet Mama erst einmal genauso nett und verhält sich nicht anders als das kleine Mädchen. Er kuschelt mit der Mama und weint, wenn es ihm nicht gut geht. Bereits vor fünfzig Jahren gab es kleine Jungs, die sich nichts sehnlicher wünschten als eine Puppe oder die den ganzen Tag begeistert ihren Kinderbesen und die Kehrschaufel schwangen und »Hausputz« spielten. Die meisten dieser Männer wuchsen zu gestandenen Heterosexuellen heran und hatten Mütter, die dieses Verhalten nicht einmal besonders förderten. Mit anderen Worten: Weil Jungen heute wie früher mehr mit den Müttern als mit den Vätern zu tun haben, ahmen sie zunächst einmal, genau wie die Mädchen, deren Verhalten nach und tun, was die Mutter tut. Die Psychologen nennen das *Identifikation*.

Kleine Jungen identifizieren sich mit der Mama so lange, bis sie kapieren, dass es *zwei* Geschlechter gibt und dass Mädchen später einmal Frauen und Jungen Männer werden. Und ihnen schwant: Wenn ich in den nächsten zwanzig Jahren weiter alles nachmache, was Mama tut, werde ich im Leben nicht wie Papa. Sondern wie Mama. Da ich ein Junge bin, erwartet man aber von mir, dass ich so werde wie Papa. Also tue ich gut daran, mir anzusehen, wie Papas das so machen mit dem Leben.

Schon kleine Jungen wissen: Männer haben üblicherweise einen Beruf und verdienen Geld. Das wussten kleine Jungen bereits vor hundert Jahren, und daran hat sich kaum etwas geändert. War der Vater Handwerker, Bauer oder hatte er einen Laden, kriegten sie von Anfang an mit, womit er sich tagsüber beschäftigte, oft schon deshalb, weil sie mithelfen mussten, sobald sie dazu imstande waren.

Heutzutage kriegt man vom Papaleben in der Regel nicht viel mit. Meist ist Papa den ganzen Tag nicht da, und man hat keine Ahnung, was er in dieser Zeit treibt. Er ist einfach fort. Ich weiß nicht, wie oft ich von Patienten, von Männern wie von Frauen, gehört habe, ihr Vater sei wenig da gewesen, oder auch, er sei aus beruflichen Gründen immer nur am Wochenende nach Hause gekommen.

Wenn man Pech hat, gerät man an ein Exemplar, das auch in der übrigen Zeit wenig Interesse an seinem Nachwuchs zeigt. »Er war wie ein Fremder in der Familie«, habe ich von meinen Patienten immer wieder gehört. Oder: »Er hat sich erst für mich interessiert, als man mit mir diskutieren konnte.«

Dazu wieder ein Beispiel aus meiner therapeutischen Arbeit.

Wie häufig in den Sitzungen geht es um den achtjährigen Sohn dieser Patientin.

»Wir wünschen uns natürlich, dass er auch mal aufs Gymnasium geht wie seine ältere Schwester«, erzählt die Patientin. Ich weiß bereits, dass ihre Tochter eine überaus erfolgreiche Schülerin ist, dass sie sich in zahlreichen Vereinen engagiert und allgemein beliebt ist. Bei ihrem Sohn hingegen sieht es völlig anders aus. »Das wird nichts mit dem Gymnasium, wenn das so weitergeht«, meint sie. »Seit einiger Zeit tut er überhaupt nichts mehr!« Schon mehrfach sei sie in die Schule bestellt worden, weil der Sohn häufig aggressiv sei und auch schon andere Kinder geschlagen habe. »Ich habe keine Ahnung, von wem er das hat. Wir haben ihn jedenfalls noch nie geschlagen.«

Ich frage sie, ob sie denn schon einmal Erziehungsberatung in Anspruch genommen habe.

»Ja, da war ich schon, und die haben mich dann zu einem Kinderpsychiater geschickt. Die sagen alle dasselbe. Dass er mehr Aufmerksamkeit von seinem Vater will.« Sie verzieht das Gesicht. »Aber mehr, als meinem Mann das sagen, kann ich ja auch nicht.«

Ihr Mann komme von einem Bauernhof, bei ihm habe es das überhaupt nicht gegeben, dass mit den Kindern gespielt wurde. »Ich glaube, er kann das gar nicht.«

Na, dann lernst du es eben!, möchte man in einem solchen Fall am liebsten ausrufen. Anstatt Verantwortung für seinen Sohn zu übernehmen, ihm ein wenig von der Welt zu zeigen (und sei es nur den nächsten Fußballplatz), benimmt der Mann sich nicht wie ein Vater, sondern wie ein älterer Bruder, den die Mutter aufgefordert hat, sich um den jüngeren zu kümmern. Da helfen alle Bitten und sogar die Ermahnungen der Fachleute nicht. Er hat schlicht und einfach keine Lust dazu. Basta. Natürlich war er auch noch nie beim Elternabend oder beim Sprechtag in der Schule seines Sohnes.

Zum Zeitpunkt dieser Sitzung sind große Ferien, und ich weiß, dass auch der Ehemann der Patientin gerade Urlaub hat. Ich frage sie, was ihr Sohn denn in den letzten Tagen getan habe.

»Och, um den muss ich mir gerade gar keine Sorgen machen«, meint sie munter. »Der ist total erpicht auf alles, was mit Straßenbahnen zu tun hat. Der fährt mit seiner Dauerkarte jeden Tag von morgens bis abends von einer Endhaltestelle bis zur nächsten.«

Es ist schon eine ganze Zeit her, dass diese Patientin bei mir in Behandlung war, aber das Bild eines kleinen Jungen, der wochenlang und mit der Ausdauer eines Erwachsenen, der zur

Arbeit geht, allein in der Straßenbahn sitzt, während der Vater, anstatt ihn zu begleiten und ihn möglicherweise auch zu anderen Tätigkeiten zu animieren, zu Hause hockt, weil er nie gelernt hat, was es bedeutet, ein Vater zu sein – dieses Bild hat sich bei mir eingegraben.

Nein, diese Geschichte hat kein Happy End, und die Chancen, dass dieser Junge einmal ein besserer Vater wird als sein eigener, sind möglicherweise nicht sehr groß. Denn in seinem Unbewussten ist als Gesetz gespeichert: *Väter und Söhne leben zwar unter einem Dach, aber ansonsten haben sie nichts miteinander zu schaffen.*

Auch wenn ein Vater vorhanden ist, muss das also nicht unbedingt bedeuten, dass er bereit ist, seine Arbeit zu tun. In anderen Fällen ist gar kein Papa und auch kein adäquater Ersatz da. Bei Meeresschildkröten scheint das zu funktionieren, bei Menschen geht das häufig schief. Denn dann muss ein Junge sich unter Umständen sein ganzes männliches Weltbild ohne Hilfe allein zurechtbasteln.

Genau da fangen die Probleme an.

Stellen Sie sich vor, Sie haben jahrelang in Frauenland gelebt, sprechen die dortige Sprache und beherrschen die dortigen Sitten. Plötzlich erfahren Sie, dass Sie eigentlich aus Männerland stammen und irgendwann dorthin umsiedeln müssen. Sie kennen zwar einen Männerländer, aber viel hat der Ihnen nicht erklärt darüber, wie man dort lebt, geschweige denn hat er sie zu einem Ausflug dorthin mitgenommen. Und Sie erfahren außerdem, dass man Sie in Männerland (wo man auch heute noch abgeschotteter und weniger weltoffen ist als in

Frauenland) auslachen wird, wenn sie sich allzu deutlich anmerken lassen, dass Sie aus Frauenland kommen. Da Sie nicht hoffen können, dort als Einheimischer durchzugehen, müssen Sie sich folglich darauf konzentrieren, alles zu vermeiden, was Sie als geborenen Frauenländer erkennbar macht.

Was dazu führt, dass Sie anfangen, Unfug von sich zu geben, wie zum Beispiel, dass lila Autos »schwul« seien. Von pinkfarbenen ganz zu schweigen.

Das wiederum nennen die Psychologen *Umweg-Identifikation.*

Identifikation ist, wenn man feststellt, man ist ein kleines Mädchen, wird später einmal eine Frau sein und macht folglich nach, was Mama tut. Oder man stellt fest, man ist ein kleiner Junge, wird später einmal ein Mann sein und macht nach, was Papa tut.

Umweg-Identifikation hingegen ist, wenn man feststellt, man ist ein kleiner Junge, hat aber keinen Mann zuverlässig greifbar, mit dem man sich identifizieren kann. Und wenn man beschließt: Dann muss ich halt alles bleiben lassen, was Mamas vormachen und was Mädchen tun, wenn ich ein richtiger Junge und später ein richtiger Mann sein will.

Er beschließt also, ein *Nicht-wie-Mama-Mann* zu werden.

Wenn der Umweg in die Irre führt

Nun ist so eine Umweg-Identifikation selten eine richtig gute Idee. Auch in anderen Bereichen nicht. Viele Menschen finden nicht doll, was ihre Eltern unter Erziehung verstanden haben, und beschließen, später einmal alles völlig anders zu machen. Solche Beschlüsse werden selten bewusst gefasst, sondern aufgrund der nicht bewussten Verknüpfungen in unserem Gehirn, also unbewusst. Und sie haben weitreichende Folgen.

Das Problem ist: Wenn man beschließt, alles genauso zu machen wie die Eltern, wird man unflexibel und nimmt sich die Chance, einen eigenen Weg zu finden. Auch die wunderbarsten Eltern der Welt sind nicht perfekt, und sei es nur, weil sie vergessen haben, einem beizubringen, dass man zu manchen Dingen eine eigene Meinung haben und auch die eigenen Eltern mitunter infrage stellen darf.

Wenn man hingegen beschließt, niemals auch nur das Mindeste von dem zu übernehmen, was die Eltern für richtig befunden haben, sieht es nicht viel besser aus. Wenn man beharrlich alle bisherigen Erfahrungswerte ignoriert, muss man nach Versuch und Irrtum die Welt völlig neu erfinden. Außerdem gerät man in Gefahr, das Pendel zu sehr nach der anderen Seite ausschwingen zu lassen. Waren die Eltern zu streng, wird man den eigenen Kindern eventuell gar keine Grenzen setzen, womit man weder ihnen einen Gefallen tut noch irgendjemandem, der später den Weg dieser kleinen Monster kreuzt. Und auch in anderen Bereichen ist die Umweg-Identifikation meist keine wahnsinnig gute Idee.

Auch hier wiederum ein Beispiel aus der therapeutischen Praxis. Es geht dabei zwar nicht um unser Männer-Frauen-Thema, aber es zeigt gut, wie dieser Mechanismus funktioniert.

Es handelt sich um eine Patientin, die zu einer Sitzung sehr ärgerlich erscheint.

»Ach, es war mal wieder die blöde Bank«, meint sie auf meine diesbezügliche Nachfrage.

Am Geldautomaten habe sie keine Auszahlung erhalten, und schon einige Tage zuvor habe sie einen Anruf von ihrem zuständigen Berater auf der Mailbox gehabt, sie möge doch bitte einen Termin mit ihm vereinbaren.

»Ich hatte dafür aber noch keine Zeit«, fügt sie hinzu. »Der soll sich nicht so haben. Dass man mal sein Konto überzieht, ist doch wohl normal, oder?« Ich weiß, dass sowohl die Patientin als auch ihr Ehemann Berufe haben, in denen man nicht eben schlecht verdient, und frage sie, ob es denn schon häufiger vorgekommen sei, dass ihr Konto bereits zur Monatsmitte keine Deckung mehr aufweise. Ja, das sei schon ab und zu der Fall gewesen, räumt die Patientin ein.

Manchmal muss man als Therapeutin tapfer sein. Immer dann, wenn man weiß, man wird sich mit dem, was man nun sagen muss, nicht unbedingt beliebt machen. Egal, wie sehr man sich bemüht, den Patienten nicht zu verletzen, wird man vermutlich eine heftige Reaktion ernten. Ich konfrontiere die Patientin (wie gesagt, möglichst vorsichtig und diplomatisch) damit, dass ich, solange ich sie kenne, keine zweimal dieselben Kleidungsstücke an ihr gesehen habe. Zudem habe sie jedes Mal, wenn sie zu mir gekommen sei, die Tüte einer Boutique in der Hand gehabt.

Wie erwartet reagiert die Patientin nicht eben einsichtig auf meine Beobachtung.

»Wenn ich schon mal in der Stadt bin, erledige ich natürlich auch ein paar Einkäufe!«, erwidert sie. »Meine Güte, wenn Sie das stört, muss ich das in Zukunft halt nach unserer Stunde tun!«

Zum Glück kenne ich die Patientin schon etwas länger und weiß deshalb einiges von ihrer Lebensgeschichte. Sie kommt aus einem überaus strengen Elternhaus, das sie schon früh verließ. Zwar war ausreichend Geld vorhanden, doch hatten die Eltern, die einer sektenähnlichen Glaubensgemeinschaft angehörten, ihren Kindern alles versagt, was ihren eigenen strengen Prinzipien zuwiderlief. Häufig hatte die Patientin sich als Jugendliche ihrer altmodischen Kleidung geschämt. Dass sie nicht auf Geburtstage und später auch nicht in die Disco durfte, ließ sie zur Außenseiterin werden, für die die Schulzeit eine einzige Qual war. Man kann sich vorstellen, dass sie nach ihrem frühen Auszug aus dem Elternhaus alles nachholen wollte, was ihr zuvor verwehrt geblieben war. Allerdings waren ihre frühen Erfahrungen so umfassend unerfreulich gewesen, dass es ihr auch als Erwachsener nicht möglich war, irgendwann eine gesunde Mitte zu finden. Sparsamkeit war unbewusst mit so vielen negativen Assoziationen verknüpft, dass in ihrem Gehirn offenbar irgendwo ein riesengroßes Schild stand: *Zu knausern ist das Allerletzte.*

Hinzu kommt, dass ihre Eltern nicht gut für die Bedürfnisse ihrer Tochter gesorgt hatten, als sie klein war. Kinder möchten Freunde haben und sich in die Gruppe Gleichaltriger integrieren. Und so hatte sie auch nicht gelernt, als Erwachsene gut für sich selbst zu sorgen. Früher schämte sie sich, wenn die Klassenkameraden sie wegen ihrer unmodernen Kleidung verspotteten. Jetzt brachte sie sich selbst in eine Situation, in der sie sich wiederum schämen musste, dieses Mal vor ihrem Bankberater. Man könnte auch sagen: In ihrem Kopf gab es keine freundliche Elternstimme.

Wir alle haben diese Stimmen in uns, wie Tonaufnahmen aus einer frühen Zeit. Mal sind sie streng, mal das Gegenteil, je nachdem, welche Erfahrungen wir gemacht haben. Im günstigsten Fall tun sie das, was nette Eltern tun: Sie unterstützen uns und bewahren uns vor allzu groben Fehlern. Ziel einer Therapie ist es, diese Art von innerer Stimme zu stärken. Einer Stimme, die in diesem Fall öfter mal gesagt hätte: *Klar kannst du dir was gönnen, schließlich verdienst du ja auch ordentlich. Aber auch dein Konto ist nicht unerschöpflich.*

Aber so weit war die Patientin zu diesem Zeitpunkt noch nicht. Sie machte alles völlig anders als ihre Eltern und landete doch wieder am gleichen Punkt.

Wenn man beschließt, alles anders zu machen als die Eltern, ist das also selten eine gute Idee, denn man wirft zusammen mit den unsinnigen Dingen, die einem beigebracht wurden, auch einige sehr nützliche über Bord.

Auch die Umweg-Identifikation, die den Nicht-wie-Mama-Mann prägt, engt seine Verhaltensmöglichkeiten stark ein. Wenn man alles bleiben lässt, von dem man glaubt, das sei etwas für *Mädchen*, bleiben einem viele Bereiche verschlossen, unter Umständen sogar einige recht wichtige.

Aufrüstung im Zwergenland

Kein Mensch verlangt von einem Dreijährigen besonders differenziertes Denken. Es ist noch nicht allzu lange her, dass er alles, was vier Beine hatte, der Einfachheit halber »Hundi«

nannte, und alles, was sich irgendwie bewegte, »Auto«. Und jetzt muss er plötzlich lernen, worin Männer und Frauen sich unterscheiden, und zwar nicht nur vom Aussehen, sondern vor allem vom Verhalten her. Da entwickelt man zunächst einmal recht einfache Theorien. Oft sind die Vorstellungen von Geschlechtsrollen in dem Alter noch so grob gestrickt, dass man als moderne Mutter oder als moderner Vater schier verzweifeln möchte. Da gibt man sich alle Mühe, dem Nachwuchs beizubringen, dass es gar nicht sooo wichtig sei, ob man ein Mädchen oder ein Junge, ein Mann oder eine Frau ist, und dass einem trotzdem die ganze Welt offensteht.

Dennoch habe ich mehrere erwachsene Männer darüber klagen hören, dass man ihnen in diesem Alter keine Spielzeugwaffe habe kaufen wollen. Sie hätten daraufhin ein geeignetes Stück Holz zum Revolver erklärt und mit dieser Beharrlichkeit mitunter sogar streng pazifistische Eltern davon überzeugt, dass ein kleiner Junge nicht unbewaffnet den Weg durch den langen, dunklen Hausflur wagen könne.

Jungen haben es schwer, an brauchbare Vorbilder zu kommen. Vielleicht kommt daher ihre Begeisterung für Baustellen. Gibt es etwas Tolleres? Buddelkiste XXL, sozusagen. Man kann seiner Begeisterung für Spielen im Sand frönen, etwas, das man selbst vor Kurzem noch für das Höchste der Gefühle hielt, ohne sich dabei wie ein Baby vorkommen zu müssen, kann gleichzeitig erwachsenen Männern bei der Arbeit zusehen und voller Freude entdecken, dass man auch später einmal nicht darauf wird verzichten müssen, einen Höllenlärm zu veranstalten, halb nackt herumzulaufen und auf den Boden zu spucken. Diese Begeisterung für alles, was mit Buddelkisten zu tun hat, ist so nachhaltig, dass erwachsene Männer viel Geld dafür ausgeben, um am Wochenende einen Kurs zu machen, in dem man lernt, einen Bagger zu bedienen.

Bei Papa hingegen kann sich der kleine Junge wenig Spannendes abschauen. Papa ist müde und kaputt, wenn er von der Arbeit kommt, er hat sich über seinen Chef oder über Kollegen geärgert oder er ist befördert worden. Nichts davon ist so faszinierend oder auch nur so begreifbar, dass es sich zum Nachspielen eignet. Also hält man sich besser an das, was auf andere Weise aus der fremden, geheimnisvollen Welt der Männer hereinsickert.

Früher waren das Abenteuergeschichten. Kleine Jungen hatten eine Ritterburg und konnten die Guten und die Bösen mit Schwertern aufeinander eindreschen lassen. Oder sie besaßen ein Westernfort und konnten Cowboys und Indianer sich gegenseitig wahlweise mit Pfeil und Bogen oder mit Gewehren umbringen lassen. Heute liefern Filme oder Animes die bevorzugten Vorbilder der kindlichen Metzelszenarien, und Furcht einflößende, bis an die Hauer oder ihre elektronischen Äquivalente bewaffnete Fantasygestalten versuchen, sich gegenseitig den Garaus zu machen.

Eine Zeit lang wirkt das recht possierlich. Wenn ein kleiner Junge alles, was sich von Form und Größe her nur halbwegs dazu eignet, zur Waffe erklärt, durch die Gegend läuft, ständig nur »Peng, Peng« ruft oder seinem Freund erklärt: »Fall um, sei tot, oder ich spiel nicht mehr mit!«, dann ist das reichlich nervig. Natürlich fragt man sich, warum ein vor Kurzem noch ziemlich zart besaiteter junger Mann sich plötzlich in eine Killermaschine verwandelt hat. Ich kann Ihnen zwei Erklärungsmöglichkeiten anbieten. Welche davon Sie für die wahrscheinlichere halten, überlasse ich Ihnen.

Die erste geht mehr in die Richtung: »Das ist eben in Männern so angelegt.« Noch kann man das nicht beweisen. Aber vielleicht finden Forscher irgendwann im männlichen Gehirn ein Areal, auf dem so etwas aufgedruckt steht wie: »Ich stamme aus der Zeit, als Männer sich noch mit Säbelzahntigern und Mammuts herumschlagen mussten. Ich bin noch nicht abgeschafft worden, weil – na ja, vielleicht verliert die Menschheit irgendwann einmal die dünne Lackschicht, die wir Zivilisation nennen, und es kommt im Überlebenskampf wieder auf schiere Stärke an. Dann werde ich vielleicht noch mal gebraucht. Danke für Ihre Aufmerksamkeit.«

Die andere Erklärung geht in die Richtung: »Wahrscheinlich hat das doch mehr mit der Psyche als mit zum Glück aus der Mode gekommenen Hirnteilchen zu tun.« Die Wandlung des kleinen Jungen zum bewaffneten Kämpfer kann man mit der Umweg-Identifikation ja locker erklären. Das nach eigener Wahrnehmung bis dahin geschlechtslose Kind stellt plötzlich fest, dass es ein Junge ist und dass es sich von der Mutter abnabeln muss, um ein Mann zu werden. Für ihn bedeutet das, den Schutz und Trost, den sie bisher gewährt hat, zumindest teilweise aufgeben zu müssen. Dies ist überaus beängstigend für ein Kind, das in diesem Alter sowieso recht durcheinander ist, weil in seinem Gehirn gerade rege Bautätigkeit herrscht, was sich unter anderem in häufigen Albträumen bemerkbar macht. Verschärft wird die Sache dadurch, dass es noch eine ganze Weile dauern wird, bis es imstande sein wird, zwischen Fantasie und Realität zu unterscheiden. Wer weiß, ob das Monster, das ihn letzte Nacht im Traum verfolgt hat, nicht diese Nacht unter dem Bett lauert, um ihn umzubringen? Wenn man nun aber gerade beschlossen hat, man ist ein Mann, der seinen Weg in der Welt alleine machen muss, und kein Mädchen, das heult und zur Mama rennt – was bleibt einem dann übrig?

Genau. Sich bis an die Milchzähne zu bewaffnen, um den nächtlichen Schrecken nicht schutzlos gegenübertreten zu müssen. Als Eltern kann man sich nur damit trösten, dass die Phase der kindlichen Hochrüstung sich hoffentlich irgendwann wieder gibt.

Allerdings gibt es bei jeder Entwicklungsphase einige Menschen, die dort hängen bleiben. Die sich nur noch in Randbezirken weiterentwickeln, deren Persönlichkeit aber im Prinzip die eines Kindes bleibt. Vorzugsweise passiert das dann, wenn in einer Entwicklungsphase etwas gefehlt hat oder schiefgelaufen ist. Man sollte meinen, diese Leute seien später ein Fall für den Psychotherapeuten. Allerdings landen meist nicht sie bei uns, sondern ihre Ehepartner oder Kinder, für die es auf die Dauer nicht sehr bekömmlich ist, einen Ehemann oder Vater zu haben, der die Wutausbrüche eines Zweijährigen oder die hirnlose Risikobereitschaft eines Fünfzehnjährigen auslebt.

So gibt es auch unter den vom äußeren Anschein her erwachsenen Männern durchaus noch eine Menge Nicht-wie-Mama-Männer, die die Entwicklungsstufe des kleinkindlichen Supermachos (die offenbar auch die nettesten Männer durchlebt haben) nicht irgendwann hinter sich gelassen haben. Im Gegensatz zu ihren weiblichen Pendants gelingt es ihnen nicht, zu beschließen, dass man jetzt alles ausprobiert hat und entspannt unter der gesamten Bandbreite menschlicher Verhaltensweisen und Lebensentwürfe wählen kann, ohne ihnen zwanghaft die Etiketten »männlich« oder »weiblich« verpassen zu müssen.

Nicht-wie-Mama-Männer gehören also zu der Sorte, die mit einem Teil ihrer Persönlichkeit in der Phase kleben geblieben sind, in der man staunend herausfindet, dass es zwei Geschlechter gibt. Es tun sich völlig neue Dimensionen auf. »Ich bin ein Junge! Ich werde mal ein Mann sein!« – »Ich bin ein Mädchen! Ich werde mal eine Frau sein!« Wahnsinn.

Man bereitet sich auf die Zukunft vor, indem man sie schon einmal durchspielt. Natürlich hat man noch keine Ahnung davon, was es wirklich bedeutet, ein Mann oder eine Frau zu sein, denn vom Mamaleben kriegt man nur einen Teil dessen mit, was sie ausmacht, und vom Papaleben noch weniger.

Später wird dieses Thema irgendwann weniger interessant, denn man hat wieder Wichtigeres zu tun. Man geht zur Schule, Mädchen und Jungen lernen gemeinsam und haben andere Sorgen, als immer wieder deutlich machen zu müssen, welchem Geschlecht sie angehören. Die meisten zumindest.

Wenn Sie als Junge eine nette männliche Bezugsperson ausgiebig erleben durften, hatten Sie Glück. Im günstigsten Fall hat sie Ihnen gezeigt, dass Mannsein eben nicht bedeutet, mit einer Wumme herumzulaufen oder andere Leute zu verprügeln. Sondern Sie haben gelernt, dass Mannsein in allerallererster Linie bedeutet, Mensch zu sein.

Wenn Sie begriffen haben, dass es nicht bedeutender ist als eine bestimmte Haarfarbe zu besitzen oder einen bestimmten Beruf auszuüben, konnten Sie sich weiterentwickeln und Ihr Verhaltensspektrum immer mehr erweitern. Wahrscheinlich haben Sie – wenn Sie nicht gerade Forscher sind, der sich damit wissenschaftlich befasst – der Frage, was denn nun männlich und was weiblich ist, nie wieder einen Gedanken gewidmet.

Wer hingegen ein solches Vorbild nicht hatte oder eines, das in der frühkindlichen Phase stecken geblieben war, in der die Geschlechterunterschiede noch eine Riesensache sind, wird diesem Thema sein Leben lang viel Aufmerksamkeit widmen. Sein Weltbild wird sich zusammensetzen aus den groben Kategorien: Alle Frauen tun dies, und alle Männer tun das. Er wird viel Mühe darauf verwenden, bloß nicht die Grenze zu überschreiten, die die beiden Geschlechter seiner Meinung nach voneinander trennt.

Keine Angst, ich habe nicht vor, das Kind mit dem Bad auszuschütten und dazu aufzurufen, sämtliche Unterschiede zwischen Männern und Frauen bis auf die für die Fortpflanzung unbedingt notwendigen zu ignorieren oder gar zu leugnen. Ich glaube nur nicht, dass es besonders gesund ist, welche zu erfinden, die überhaupt nicht existieren. Ebenso wenig bringt es einen Menschen weiter, wenn er der Einfachheit halber beschließt: *Ich bin eine Frau. Das muss reichen. Ich bin ein Mann. Das muss reichen. Jetzt muss ich nur noch gucken, was die typische Vertreterin oder der typische Vertreter meines Geschlechts so tut, mache alles genauso, und schon habe ich ein schönes, ausgebautes Gleis ohne Weichen, auf dem ich ohne unnötigen Entscheidungsmüll für den Rest meines Lebens langtuckern kann.*

Wenn Sie sich für diesen Weg entscheiden (beziehungsweise wenn Ihr Unbewusstes das tut), verlassen Sie sich größtenteils auf Legenden und Gerüchte und verschenken damit die Chance, Ihre Möglichkeiten wirklich kennenzulernen.

Die Wissenschaft tut sich bedeutend schwerer damit, verlässliche Antworten auf die Frage »Was ist weiblich?« und »Was ist männlich?« zu liefern. In der Tat scheint es so zu sein, dass ein großer Teil dessen, was wir über das Mannsein und Frausein glauben und im Alltag von uns geben, nichts mit wissenschaftlichen Fakten zu tun hat, wie beispielsweise die Autorin Cordelia Fine in ihrem Buch »Die Geschlechterlüge« anhand von überwältigend vielen Beispielen gezeigt hat.

Hier nur einige kurze Beispiele aus den von ihr zitierten Untersuchungen.

So stellte sich interessanterweise heraus, dass bereits die Tatsache, ob jemand in einem Fragebogen seine Geschlechtszugehörigkeit ankreuzen muss oder nicht, einen Einfluss darauf hat, wie er oder sie seine mathematischen Fähigkeiten einschätzt. Frauen, die das entsprechende Kreuzchen machten, stuften sich als mathematisch minderbemittelter ein als die, deren Geschlechtszugehörigkeit nicht abgefragt wurde. Entsprechend schätzten Männer, die das Kreuzchen machten, sich in mathematischen Belangen als besser ein als diejenigen, die es nicht taten. Mit anderen Worten: Wenn man uns auch nur ganz dezent auf unser Geschlecht hinweist, ruft unser Gehirn automatisch alles ab, was wir in unserem Leben darüber gelernt haben, wie Männer nun mal so sind (angeblich mathematisch begabter) und wie Frauen so sind (angeblich mathematisch unbegabter). Das bedeutet: Wir sind in diesem Bereich offenbar ganz schön manipulierbar.

Wird den Kandidatinnen und Kandidaten vor Beginn eines Tests zur Prüfung der Raumwahrnehmung (bei dem Frauen üblicherweise schlechtere Ergebnisse zeigen) mitgeteilt, dass

Frauen bei diesem Test »wahrscheinlich aufgrund genetischer Veranlagung« besser abschneiden, erzielen diese gleich gute Ergebnisse wie die Männer. Erzählt man den Teilnehmern vor Beginn einer Aufgabe, sie habe etwas mit Luftfahrt- und Nuklearantriebstechnik zu tun, liegen die Männer bei den Ergebnissen vorn. Erzählt man, die Aufgabe teste Fähigkeiten, die man auch für kreative Stickerei und Blumenarrangements benötige, versagen die Männer bei derselben Aufgabe kläglich.

Sollte es wirklich so sein, dass unsere angeblich typisch männlichen und typisch weiblichen Eigenschaften in erster Linie damit zusammenhängen, was wir *glauben*, wie Männer und Frauen sind?

Demnach müssen wir also davon ausgehen, dass vieles, was allgemein für in den Genen fest verankert galt, in Wirklichkeit Ausdruck der herrschenden Kultur ist. Was man Frauen bis vor wenigen Jahrzehnten bei uns noch nicht zutraute (und anderenorts auch heute noch nicht tut), leisten sie locker und überflügeln häufig sogar die Männer.

Um zu zeigen, wie schwer es auch heute noch ist, wissenschaftlich einwandfrei nachzuweisen, was die Ursache von etwas ist, ein kurzer Ausflug in die Methoden der Wissenschaft. Wirklich kurz, versprochen.

Wo Schokolade klug macht und der Storch die Kinder bringt

Warum ist es so schwer, wissenschaftlich exakt zu entscheiden, wo genau die Grenzlinie verläuft zwischen dem, was tatsächlich naturgegeben geschlechtsspezifisch ist und dem, was lediglich behauptet wird? Das hängt damit zusammen, dass auch noch so große Mengen an Datenmaterial nicht unbedingt Aufschluss darüber geben, was womit zusammenhängt. Im Alltag müssen wir ständig Ursache-Wirkungs-Zusammenhänge herstellen, um uns in der Welt zurechtzufinden, vom ersten Lebenstag an. Wenn wir beispielsweise beginnen, Bauklötze aufeinanderzutürmen, begreifen wir irgendwann: *Je zentrierter die liegen, desto höher wird mein Turm. Je mehr sie über den Rand rausragen, desto eher stürzt er ein.* Nicht nur für zukünftige Statiker und Architekten ist das eine ziemlich nützliche Erkenntnis.

Später wissen wir, wie oft man bei Annahmen, was woher kommt und womit zusammenhängt, danebenliegen und sich irren oder jemandem Unrecht tun kann. Wir sehen ein kleines Kind im Supermarkt, das eine Rolle Kekse aus einem Regal nimmt. Die Mutter nimmt sie ihm ab, spricht ein paar ermahnende Worte und stellt sie wieder zurück. Wir sehen außerdem einen Schokoriegel auf dem Boden liegen und denken: *Das hat die Mama aber nicht mitgekriegt.* Wir suchen nach einer Erklärung für ein ungewöhnliches Phänomen (Schokoriegel liegt auf dem Boden) und greifen zur naheliegendsten Erklärung. Natürlich kann uns dabei ein Fehler unterlaufen sein, vielleicht ist der Schokoriegel jemand ganz anderem aus dem

Einkaufswagen gerutscht. Unsere Annahme ist also lediglich eine *Hypothese*. Wenn wir uns in diesem Fall täuschen, ist das nicht weiter dramatisch. Kommt jemand unschuldig in den Knast, nur weil seine DNA zufällig an einer Zigarettenkippe in der Nähe eines Tatorts gefunden wurde, ist das schon weitreichender.

Wissenschaftler müssen aufpassen, dass sie nicht die gleiche Sorte Fehler machen. Der primitivste Schnitzer, der einem Wissenschaftler unterlaufen kann, besteht also darin, zwei Dinge, die lediglich gemeinsam auftreten, in einen inhaltlichen Zusammenhang setzen zu wollen. Das ist ein so grundsätzlich zu vermeidender Fehler, dass vor ihm in meinem ersten Statistiklehrbuch (und davon müssen Psychologen in ihrem Studium eine Menge durchackern) gleich zu Beginn gewarnt wurde. Einer der Klassiker ist: *Es gibt immer weniger Störche. Und die Geburtenrate sinkt.* Niemand käme ernsthaft auf die Idee, da einen Ursache-Wirkungs-Zusammenhang konstruieren zu wollen.

Männliche und weibliche Gehirne unterscheiden sich. Diese Differenzierung beginnt schon im Mutterleib. Außerdem gehen wir davon aus, dass es »typisch männliches« und »typisch weibliches« Verhalten gibt. Bevor wir das Wort »Wissenschaft« überhaupt zum ersten Mal hören, ist der unbewusste innere Speicher zum Thema »Jungen sind so, Mädchen anders, Frauen sind so, Männer anders« schon bis zum Anschlag gefüllt. Natürlich ist es für uns darum naheliegend, da Zusammenhänge herstellen zu wollen. Wenn Männer und Frauen unterschiedliche Gehirne haben und unterschiedliches Verhalten zeigen, dann muss das doch irgendetwas miteinander zu tun haben? Männer und Frauen ticken unterschiedlich, weil sie unterschiedliche Gehirne haben. Ist doch logisch, oder?

Im Alltag stellen wir solche Überlegungen ständig an. Wir erleben, dass zwei Dinge gemeinsam auftreten, und schon nehmen wir an, sie hätten irgendetwas miteinander zu tun. Oder, noch schlimmer, eins sei die Ursache des anderen.

Oft ist uns das nicht einmal bewusst, da das Gehirn, wie wir ja wissen, seine Verknüpfungen selbst herstellt, ohne jedes Mal groß bei uns nachzufragen. Wissenschaftler dürfen es sich nicht so einfach machen. Sie müssen davon ausgehen, dass zwei Dinge, die beobachtet werden, nicht voneinander abhängen. Sondern von einem dritten Ding oder vielleicht von einer ganzen Ansammlung anderer Dinge. Oder eben, dass sie gar nichts miteinander zu tun haben.

Heute, wo ich das schreibe, geistert durch viele Zeitschriften die epochemachende Erkenntnis eines Schweizer Wissenschaftlers, je mehr Schokolade in einem Land gegessen werde, desto mehr Nobelpreisträger bringe es hervor. Fehlt nur noch, dass Eltern daraus den Schluss ziehen, sie bräuchten ihr Kind nur ausschließlich mit Schokolade zu ernähren und hätten das Ticket für Stockholm damit quasi schon in der Tasche.

Wahrscheinlicher ist allerdings die Annahme, dass beide Phänomene – Schokoladenkonsum und die Anzahl der Nobelpreisträger – überhaupt nichts miteinander zu tun haben, dass der statistische Zusammenhang also nur ein zufälliger ist. Wenn wir anfangen zu glauben, dass *alles* irgendwie zusammenhängt, verlassen wir den Bereich der Wissenschaft und betreten die Welt des Aberglaubens. Möglich wäre in unserem

Beispiel allerdings auch eine andere Erklärung, nämlich dass Schokoladenkonsum und Nobelpreisträger-Anzahl von einem dritten Faktor abhängen: dem Bruttosozialprodukt eines Landes. Menschen in armen Ländern können sich selten Schokolade leisten, und sie haben in der Regel auch nicht die Möglichkeit, Schulen und Universitäten zu besuchen, die Nobelpreisträger und -trägerinnen hervorbringen.

So einfach geht Statistik also nicht und Wissenschaft erst recht nicht. Eine gewisse Skepsis ist demnach häufig angebracht, wenn wir etwas als unveränderlich männlich und/oder unveränderlich weiblich ansehen. Tatsächlich tun wir uns – zum Glück – in dieser Zuordnung sehr viel schwerer als unsere Vorfahren.

Für Dreijährige, die gerade erst entdeckt haben, dass es zwei verschiedene Geschlechter gibt, ist das ein Riesenthema, und sie tun alles, um herauszufinden, was denn nun frauen- und was männerspezifisch ist. In diesem Alter darf man noch seine Eltern in den Wahnsinn treiben, indem man die vermeintlichen Geschlechtsrollen auf die Spitze treibt. Allerdings wäre es wünschenswert, wenn das in den darauffolgenden Jahren und Jahrzehnten durch differenziertere Betrachtungen abgelöst werden würde. Wie wir allerdings wissen, ist das nicht bei allen Menschen der Fall. Wer sich seiner selbst unsicher ist, traut sich vielleicht nicht, herauszufinden, was wirklich zu ihm passt. Er fühlt sich wohler dabei, vorgegebenen Pfaden zu folgen, zu tun, was ein Mann vermeintlich tun muss. Oder eine Frau.

Die Bemühungen der erwachsenen Nicht-wie-Mama-Männer, ihre weiblichen Anteile zu verbergen, nehmen oft bizarre Züge an. Und obwohl ich davon ausgehe, dass sie nicht den Großteil der männlichen Bevölkerung zumindest unseres Landes stellen, beherrschen sie dennoch die Lebenskultur der Männer. Kritik an dem, was die Medien – vor allem das Fernsehen, und da im Besonderen die privaten Sender – uns als Realität verkaufen, wird häufig geübt. Was mich als Psychotherapeutin besonders stört, ist, dass vieles sich eben nicht daran ausrichtet, Menschen dazu zu ermutigen, ihre ganz individuellen Fähigkeiten zu erforschen und ihr Potenzial kennenzulernen, sondern an etwas, das wir als unreif oder gar neurotisch bezeichnen würden.

Schauen wir uns das einmal in den unterschiedlichsten Bereichen an.

Beginnen wir mit den völlig harmlosen Spielarten des männlichen Nicht-wie-Mama-Unwesens und kommen dann zu denen, die krank machen und schlimmstenfalls tödlich enden.

Lieber verkatert als verzärtelt

Beginnen wir mit dem Bereich Kleidung und Körperpflege. Hier gilt es für den Nicht-wie-Mama-Mann, besonders vorsichtig zu sein. Schließlich war für diese Dinge früher tatsächlich die Mama zuständig. Sie badete einen, sie cremte einen ein, sie besorgte Kleidung und zog einen an. Außerdem sind all das die Dinge, mit denen Mädchen und Frauen sich besonders gern beschäftigen. Zumindest werden die Medien, vor allem die, die sich nicht bevorzugt an Universitätsprofessoren und -professorinnen wenden, nicht müde, uns das immer wieder einzureden. Und wir plappern es nach. Dass Frauen nichts lieber tun, als Schuhe zu kaufen, gilt mittlerweile ja beinahe als unumstößliches Naturgesetz. (Ich kenne allerdings genug Frauen, die sich zwar gern hübsch kleiden, den Schuhkauf jedoch bestenfalls für ein notwendiges Übel halten.)

Also muss – der Logik des Nicht-wie-Mama-Mannes folgend – der Kauf von Herrenschuhen so uninteressant wie möglich gestaltet werden, damit man sich als richtiger Mann fühlen kann. Schließlich ist der Schuhkauf die Domäne der Frauen. Klappt, kann man da nur sagen. Damit ein Mann sich nur nicht zu lange in einem Schuhgeschäft aufhalten muss, wird ihm die Auswahl so leicht wie möglich gemacht. Er braucht sich lediglich zwischen zwei Farben zu entscheiden: Schwarz und Braun. Alle paar Jahre werden die Schuhhersteller kühn und bieten zusätzlich dunkelblaue Schuhe für Männer an. Nein, ich sagte nicht »blaue«. Lediglich dunkelblau ist erlaubt, und auch das nur ab und zu.

Mein Mann erregte einmal großes Aufsehen durch das Tragen mittelblauer Stiefel, und das nicht in einem gottverlassenen Dorf, sondern in der Berliner S-Bahn. Ein junges Paar, das uns gegenübersaß, deutete immer wieder verstohlen auf sein offenbar ungehöriges Schuhwerk und tuschelte aufgeregt miteinander. Der Schuhladen war übrigens ein Geheimtipp, und die Stiefel werden in Italien nach den Wünschen des Kunden eingefärbt. Oder hatten Sie wirklich geglaubt, so etwas wird hier hergestellt? *Für Männer?*

Als ich das einer Kollegin erzählte, meinte sie, das träfe auf die ganz jungen Männer nicht mehr zu. Im Zimmer ihres Sohnes herrsche im Schuhbereich sogar eine ungeheure Farbenpracht vor. Also schränke ich ein: Ich meine *erwachsene* Männer. In sogenannten Männerberufen. In der Wirtschaft beispielsweise, wo jeder sich wie ein *richtiger* Mann kleiden muss. Sogar Frauen. Weil man sie sonst Kaffee kochen schickt.

Wie es ansonsten im Bekleidungsbereich zugeht, brauche ich Ihnen nicht zu erzählen. Frauen dürfen Anzüge tragen, Frauen dürfen Uniformen tragen, Hosen sowieso, Jacketts, sogar Krawatten – eigentlich dürfen sie alles tragen, die ganze Bandbreite von Rüschenblusen bis zu Biker-Boots. Und ob ihre Knopfleiste sich auf der linken oder auf der rechten Seite befindet, interessiert sie nur insofern, als sie es vielleicht unpraktisch finden, wenn die Knopflöcher nicht da sind, wo man sie vermutet. Schon seltsam, dass die Geschlechterdifferenziererei bis in den Knopfleistenbereich getrieben wird. Als ob unbedingt verhindert werden müsste, dass ein Mann versehentlich etwas anzieht, das gar kein Hemd, sondern – der Himmel bewahre! – eine Bluse ist!

Bei Männern ist die Auswahl auch im Hemdenbereich erheblich eingeschränkt. Oft entscheidet schon der Farbton, ob man ein *richtiger* Mann ist. Vielleicht gestattet die Mode für kurze Zeit ein zartes Rosé. Aber normalerweise gilt es als – genau. Als schwul. Bei den Modenschauen, in denen der neueste Trend für den Mann vorgestellt wird, scheinen alle diese Beschränkungen aufgehoben. Aber das, was ein paar oft recht exzentrische Modemacher am Reißbrett entwerfen und was dann als die neueste Mode für Männer in den Medien präsentiert wird, hat mit dem, was man tatsächlich ein Jahr später in den Büros und Einkaufsstraßen unserer Städte sieht, so wenig zu tun wie bei den Frauen.

Heute Morgen erst stellte eine Modeexpertin im Fernsehen die neuesten Schuhmodetrends für Männer vor. »Auch für Männer wird es jetzt sehr viel bunter!«, verkündete sie und hielt zum Beweis ein paar knallrote Männerschuhe hoch. Naja, ob dergleichen dann tatsächlich in die Läden und auf die Straße käme, wisse sie natürlich nicht. »Aber sehen Sie, *Sie* sind doch der Beweis, dass die Schuhmode bei Männern schon viel bunter geworden ist!«, meinte sie zum Moderator. Der schaute irritiert auf seine Schuhe. Sie waren beige.

Ich lehnte mich entspannt zurück, in dem Wissen, dass ich dieses Kapitel nicht würde umschreiben müssen.

Schauen Sie sich einmal aufmerksam Werbung für Hautpflegeprodukte an.

Es ist ja nicht einfach, Männern Cremes zu verkaufen, weil sie ja so sehr an die Zeit erinnern, als man noch Mamas kleiner Junge war. Da müssen die Werber schon einige Haken schlagen, damit der Mann das Produkt kauft, ohne in Panik zu geraten. Auf keinen Fall dürfen Begriffe wie zart, glatt, faltenlos vorkommen. Zart, glatt, faltenlos – so sind Babys! Von Papa konnte man auch in dieser Beziehung nicht viel lernen. Allenfalls an sehr frostigen Wintertagen hat er widerstrebend die blaue Dose mit der weißen Aufschrift aufgeschraubt, und das war's dann. Also muss der Begriff »Pflege« erst vorsichtig in die Männersprache übersetzt werden.

Die Lösung, die die Werbeabteilung einer Kosmetikfirma vor einiger Zeit fand, sah folgendermaßen aus: Man präsentierte auf den Werbeplakaten ein Stück besonders narbiges Leder, das aussah, als habe man es dem uralten und kampferprobten Anführer einer Büffelherde aus dem Hinterteil gerissen, und verkündete: »Auch Leder braucht Pflege!« Das verstand die männliche Zielgruppe. Schließlich muss auch der Ledersitz eines Motorrads regelmäßig gefettet werden.

Eine andere Hautlotion wurde damit beworben, dass man mit ihrer Hilfe den Folgen von »Abenteuern und Exzessen« für die Haut vorbeugen könne, den Auswirkungen »extremen Lifestyles«, die daher rühren könnten, dass man »tagsüber Workaholic und abends Party-Animal« sei. »Jeden Tag kann deine Haut verkatert aussehen!« wird gewarnt.

Mit nichts davon könnte man eine Frau dazu kriegen, das Produkt zu kaufen, und das ist ja auch der Sinn der Sache. Das Männliche muss so überzeichnet werden, dass der Mann beruhigt denken kann: Das ist Nicht-wie-Mama. Dieselbe Firma bietet auch eine Waschlotion für Männerhaut an, »um den Schmutz von der Haut zu holen«. Mädchen machen sich nicht schmutzig. Deshalb dienen Waschlotionen für Frauen – wenn man den Werbeslogans glaubt – ausschließlich dem Zweck, Make-up zu entfernen. Schmutzentfernung hingegen signalisiert harte Arbeit oder zumindest, mit dem Mountainbike durch Matsch gebrettert zu sein.

Raten Sie, was groß auf der Waschlotion für Männer draufsteht? *Mit Kohle.* Versuchen Sie mal, Frauen eine Waschlotion zu verkaufen, auf der »Mit Kohle« draufsteht. Ich würde mich nicht wundern, wenn es demnächst ein Produkt für Männer mit besonders trockener Haut gibt, das angeblich auf der Basis von recyceltem Motoröl produziert wird.

Mit den Haaren war es früher auch einfacher. Frauen hatten lange Haare, Männer kurze. Zumindest ganz zu Anfang des letzten Jahrhunderts. Als die Frauen in den 1920er-Jahren begannen, kurze Haare zu tragen (nicht umsonst Bubikopf genannt, Frauen haben da ja keine Berührungsängste), war dies für die meisten ihrer Zeitgenossen ebenso schockierend wie später in den Sechzigern, als das männliche Haupthaar die magische Grenze des Hemdkragens überschritt. Heute taugt die Frisur kaum noch zur Unterscheidung zwischen Männern und Frauen, wenn auch Frauen selbst in diesem Bereich sehr viel mehr Auswahl haben. Männern ist mittlerweile zumindest praktisch jede Haarlänge erlaubt, und Fußballer tragen Haarreifen.

Doch eine Sache bleibt nach wie vor verpönt. Im Jahr 2002 wurde der Nachrichtenagentur ddp vom Landgericht Hamburg untersagt, weiter das Gerücht zu verbreiten, Bundeskanzler Schröder färbe seine Haare. Er selbst hatte diese Klage angestrengt. Ich werde mich nicht in juristische Schusslinien begeben, indem ich darüber spekuliere, ob der Altbundeskanzler ein Nicht-wie-Mama-Mann ist oder nicht. Dabei hätte er meiner Meinung nach in dieser Frage erheblich entspannter sein können. Bei Nahaufnahmen konnte man sehr deutlich erkennen, dass seine Haare *nicht* gefärbt waren. Selbst für Geld und gute Worte färbt kein Friseur die Haare und zaubert dazwischen Strähnchen, die lediglich aus einzelnen weißen Haaren bestehen.

Es ist kaum vorstellbar, dass die Frage, ob die Haarfarbe einer Politikerin echt ist oder nicht, irgendeiner Zeitung auch nur eine Zeile wert wäre. Frauen *dürfen* ihre Haare färben. Und etwa die

Hälfte von ihnen tut es auch. Aber was ist mit den Männern, die dennoch den Wunsch verspüren, ihre Haarfarbe zu verändern? Die zumindest der Meinung sind, sie fühlten sich noch zu jung für graue Haare? Wieder sind die Werber in einem Dilemma. Auf keinen Fall dürfen die Worte »Färbung« oder »Tönung« verwendet werden, die Frauen so mühelos über die Lippen gehen. Aber da Werber ja kreativ sind, haben sie auch hierfür eine Lösung gefunden, und so lautet der Werbespruch einer Haartönung für Männer: »Tuning für die Haare«. Klingt fast wie Tönung, macht aber den entscheidenden, beruhigenden Unterschied: Es klingt nach frisiertem Motor, nicht nach frisiertem Kopf. Selbst der Mann, der sich entschließt, zu seinem grauen Haar zu stehen, muss sich darum nicht weniger männlich fühlen. Er bekommt die passenden Pflegeprodukte mit dem Zusatz verkauft: »Wenn schon grau – dann Power-Grau!«

Natürlich ist auch die Reklame für Frauen-Pflegeprodukte geschlechtsspezifisch. Allzu differenziert braucht Werbung nicht daherzukommen, schließlich ist sie keine wissenschaftliche Abhandlung. Sie muss kurz und knackig sein, da sie mitunter weniger als eine Sekunde Zeit hat, unsere Aufmerksamkeit zu fesseln. »Diese lipophile Creme okkludiert die Feuchtigkeit im Stratum Corneum« – wer liest sich das auf einem Plakat durch oder hört sich das in einem Werbespot interessiert an? Da sind die schlichteren Botschaften gefragt. Warum dafür also der Einfachheit halber nicht die grundlegendsten Kategorien verwenden? *Für Frauenhaut. Für Männerhaut.* Damit habe ich als Werber schon mal jeweils fünfzig Prozent der Verbraucher angesprochen. Feine Sache.

Interessant ist hier allerdings wieder das Phänomen, dass fast jede Frau schon einmal das Parfum – pardon! Das Aftershave! – ihres Partners verwendet hat oder sogar regelmäßig einen Herrenduft benutzt. Den umgekehrten Fall mag es geben, ich habe allerdings noch nie davon gehört. Nicht-wie-Mama-Männer dürfen nach wie vor nur Mann. Frauen dürfen mittlerweile alles.

Das haben inzwischen natürlich auch die Werber begriffen. Zurzeit wird ein Deo beworben, das Frauen bei verschiedensten Tätigkeiten zeigt. Allerdings ist die Musik nicht säuselnd wie üblich, sondern fast schon aggressiv, und die Frauen legen eine Körpersprache an den Tag, dass selbst der betrunkenste Mann es nicht wagen würde, sie anzubaggern. Der dazugehörige Werbespruch lautet: *Frauen sind stark. Und da starke Frauen schwitzen* … Mit anderen Worten, der ganze Spot, von Anfang bis Ende, von Optik, Musik und Aussage, selbst von der Körpersprache der gezeigten Frauen her, würde eins zu eins als Werbung für ein Männerdeo funktionieren.

Tja, Jungs, langsam wird es eng für euch. Wenn Frauen jetzt schon *schwitzen* dürfen! Dann bleiben praktisch nur noch zwei Möglichkeiten: Ihr scheucht die Frauen wieder dorthin zurück, wo sie seit Jahrmillionen ihr Refugium hatten (in einigen Ländern ist man damit, wie wir wissen, ja gerade sehr erfolgreich) – oder ihr entspannt euch und beschließt, das mit der Unterscheiderei doch zumindest dort bleiben zu lassen, wo es schlicht und einfach unsinnig ist.

Dass es Menschen gibt, die sich nicht trauen, sie selbst zu sein, die sich auf ein enges Verhaltensspektrum beschränken, um bloß nicht anzuecken oder gar ausgelacht zu werden – das wissen nicht nur Psychotherapeuten. Und dass Werbefachleute sich nicht gerade darauf spezialisiert haben, die Wirklichkeit abzubilden, wissen wir auch. Dennoch empfinde ich es, je nach Tagesform, entweder als amüsant oder hochgradig ärgerlich, dass viele Werber ein Männerbild vermitteln, das nicht dem eines gelassenen, selbstbewussten Mannes entspricht, der – wie es für Frauen bei uns heute schon selbstverständlich ist – unter allen Möglichkeiten wählen kann, die die Welt ihm bietet, sondern der ängstlich um alles einen großen Bogen macht, was irgendwie nach Mama riecht.

In den Bereichen jenseits von Mode und Körperpflege sieht es diesbezüglich nicht viel besser aus.

Pierre de Coubertin und der Cola-light-Mann

Zum Beispiel beim Sport. Wer in puncto Männlichkeit auf Nummer sicher gehen wollte, entschied sich früher für Fußball oder Boxen. Das war eine sichere Bank. Noch früher brauchte man sich gar keine Gedanken zu machen, denn da war *alles*, was mit Sport zu tun hatte, reine Männersache. Noch der Begründer der Olympischen Spiele der Neuzeit, Pierre de Coubertin, empfand die Vorstellung weiblicher Teilnehmer bei einer Olympiade als »unästhetisch«.

Wie wir wissen, ist es gerade mal eine Generation her, dass Frauenfußball belächelt wurde, und dass die Gewinnerinnen der Europameisterschaft 1989 mit einem 40-teiligen Kaffeeservice beschenkt (oder – aus heutiger Sicht – veräppelt) wurden. Wer sich heute als Gegner des Frauenfußballs outet, gerät eher in den Verdacht, jemand zu sein, der den Schuss nicht gehört hat. Die Frauenfußballweltmeisterschaft wird zur besten Sendezeit im Fernsehen übertragen, und die deutschen Frauen waren dabei in den letzten Jahren oft erfolgreicher als die Männer.

Selbst das Boxen zieht mittlerweile viele junge Frauen an, und fast jedem sind die Namen zumindest einiger Boxerinnen geläufig. Die Emanzipation kommt also langsam auch in diesem Bereich an.

Zumindest, was die Frauen betrifft. Die Männer hinken nicht nur bei der Mode hinterher. Während Frauen unverkrampft unter allen Sportarten wählen dürfen, müssen Männer nach wie vor streng darauf achten, nichts zu tun, was gemeinhin mit Weiblichkeit assoziiert wird. In der Zeichentrickserie »Die Simpsons« muss Bart Simpson eine Maske tragen, als er seine Begeisterung – und sein Talent – fürs Balletttanzen entdeckt, und viele Menschen konnten in dem Film *Billy Elliott – I Will Dance* den überaus steinigen Weg eines Jungen verfolgen, der seine Familie damit schockierte, dass er die gleiche Leidenschaft für diese Art Tanz zeigte.

Nicht einmal bei der Nahrungsaufnahme kann sich der Nicht-wie-Mama-Mann entspannen.

Früher tranken Männer Bier und klare Schnäpse, die Frauen Likörchen. Heute gelten – Sie ahnen es schon – derartige Einschränkungen nur noch für Männer. Frauen dürfen alles trinken. Likörchen sind Männern nach wie vor untersagt. Wie wir alle wissen, reichen die männlichen Trinktabus bis in die feinen Differenzierungen koffeinhaltiger Erfrischungslimonade.

Die Geschichte, wie die Cola plötzlich ein Brüderchen bekam, ist mittlerweile allgemein bekannt. Ich möchte sie in diesem Zusammenhang nur noch einmal wiederholen: Nachdem Cola light als zuckerfreie und kalorienarme Colavariante schon geraume Zeit auf dem Markt war, gab es plötzlich zusätzlich Cola Zero, die sich, was Zuckerfreiheit und Kalorienarmut gar nicht, was den Geschmack betraf, nur wenig davon unterschied. Der Verbraucher war verwirrt. Bis die Werbung Klarheit brachte.

Cola Zero wurde beworben mit dem Slogan »Das Leben, wie es sein sollte«. Junge Männer wurden gezeigt, die in ihren Tagträumen plötzlich Helden waren. Da begegnete beispielsweise einer seiner Ex mit deren neuem Lover im Supermarkt und wurde in seiner Fantasie gerettet durch das Auftauchen einer verführerischen Schönheit, die hinzukam und ihn mit Schlafzimmerstimme fragte: »Sahne oder Schokosauce?«, woraufhin beide wie aus Bergnot offenbar vom herabgelassenen Seil eines Hubschraubers gerettet wurden. Die Werbebotschaft lautete: Dies ist ein Getränk für Männer, das wir auf diesem Weg mit der schönen Fantasie verknüpfen möchten, dass es immer einen Ausweg aus Situationen gibt, in denen ein Mann sich klein und hilflos fühlen könnte.

Klein und hilflos? Arrgh!

Mittlerweile wird folgende Ursache für das Auftauchen dieses nahezu identischen Colaprodukts für die wahrscheinlichste gehalten. Offenbar hatte man bei der Werbung für Cola light den Fehler gemacht, zu sehr die weibliche Konsumentengruppe zu bewerben. Sie erinnern sich noch an den attraktiven, muskulösen Getränkelieferanten, der mit seinem Auftauchen ein ganzes Büro voller Mädels wuschig machte? Da wurde die Bluse noch einen Knopf weiter geöffnet, das Foto des Ehemannes umgedreht, die Beine wurden noch ein wenig einladender übereinandergeschlagen. Es kam sogar zum Austausch von Körperflüssigkeiten, wenn auch nur dadurch, dass eine der Damen die Coladose ableckte, mit der das Sahneschnittchen soeben seinen Durst gestillt hatte. Der Spot war – zumindest aus weiblicher Sicht – purer Sex, ein Riesenerfolg und beinahe Kult. Allerdings verlor Cola light damit seinen Status als geschlechtsneutrales Produkt. Es war – ohne dass sich die Rezeptur geändert hätte – zum Mädchengesöff geworden. Und damit für Nicht-wie-Mama-Männer untrinkbar. Daran war nichts mehr zu ändern, auch geschlechtsneutralere Spots konnten nichts mehr retten. Der alte Wein – Verzeihung, die alte Cola – musste in neue Schläuche gefüllt werden. Cola Zero war geboren.

So weit, so harmlos. Eigentlich könnte man es ja den Männern überlassen, wenn sie bereit sind, sich in vielen Bereichen beschränken zu lassen, statt in der bunten Welt der Produkte und Freizeitaktivitäten frei wählen zu können, ohne überlegen zu müssen: Sieht das unmännlich oder – der Himmel bewahre – sogar schwul aus?

Da wir gerade bei dem Thema sind: Warum eigentlich haben Männer eine größere Abneigung gegen Homosexuelle als Frauen? Schon bei Jugendlichen lehnen 71 Prozent der Jungen Homosexuelle ab, bei den Mädchen sind es 51 Prozent. Daran, dass die Zahlen in dieser Altersgruppe überhaupt so hoch sind, ist der extreme Anpassungsdruck schuld, dem Jugendliche sich in der Pubertät unterwerfen. Man will unbedingt so sein wie die Mehrheit der Gleichaltrigen. Nicht wie eine Minderheit. Zu der Familie gehört man von Gesetzes wegen ab dem Moment der Geburt. Dafür braucht man nichts anderes zu tun, als geboren zu werden. Nie wieder wird Zugehörigkeit so einfach zu haben sein. Ab jetzt ist es Arbeit und alles andere als selbstverständlich. Und da es in diesem Alter die größte Horrorvorstellung ist, zum sozialen Outcast zu werden, passt man sich vorsichtshalber extrem an.

Später ist man dann schon etwas entspannter. Zumindest sinkt die Quote der Schwulenhasser bei Erwachsenen auf ein Drittel. Dennoch tun sich auch die ausgewachsenen Männer mit der Vorstellung gleichgeschlechtlicher Liebe erheblich schwerer als Frauen, und zwar umso mehr, je stärker die Nicht-wie-Mama-Anforderung der Kultur ist, in der sie leben. Je strikter der Anspruch des Umfelds ist, »ein richtiger Mann« zu sein, desto verpönter ist Homosexualität. Während schon darüber gewitzelt wird, wie statistisch unwahrscheinlich es ist, dass sämtliche männlichen Spieler der Fußballbundesliga stramm heterosexuell sind, haben weibliche Fußballstars weder Probleme, sich als homosexuell zu outen, noch verursacht dies auch nur den Hauch eines Skandals.

Psychoanalytiker waren schon lange der Meinung, wer Schwule ablehne, sei womöglich selbst dem eigenen Geschlecht zugeneigter, als er sich eingestehen wolle, und führe nach außen einen Kampf, der eigentlich in seinem eigenen Unbewussten tobt. Ich war mir nie ganz sicher, ob das stimmt, aber es spricht tatsächlich einiges dafür. Zumindest hat man es in einer Untersuchung nachweisen können.

Man befragte heterosexuelle Männer zu ihrer Einstellung zu Homosexuellen. Dann zeigte man ihnen Videos, auf denen Männer bei gleichgeschlechtlichen sexuellen Aktivitäten zu sehen waren, und stellte fest, ob die Versuchspersonen eine Erektion bekamen. Und tatsächlich. Bei den Schwulenhassern reagierten 54 Prozent in eindeutig erregter Weise. Bei denen, die keine Probleme hatten, Schwule zu tolerieren, zeigte sich die Reaktion nur bei 24 Prozent. Letztlich macht man die Homosexuellen also verantwortlich für etwas, das man bei sich selbst nicht akzeptieren kann. Seit ich das weiß, kann ich ein Grinsen nicht unterdrücken, sobald jemand anfängt, gegen Schwule zu wettern. Oder sollte ich besser sagen: sich über Schwule zu erregen?

Aber warum überhaupt kommt es zu dieser Ablehnung? Mit dem, was wir mittlerweile über den kleinen Jungen wissen, können wir uns das leicht erklären. Ein Mädchen findet es, wie wir wissen, nicht besonders dramatisch, wenn jemand meint, an ihr sei ein Junge verloren gegangen. Vielleicht findet sie es sogar gut, weil es für sie bedeutet: Ich bin klasse. Ich kann beides. Ich kann Mädchen *und* Junge!

Während Mädchen und Frauen sich hier und heute also über die gesamte Bandbreite menschlichen Verhaltens bewegen dürfen, müssen Nicht-wie-Mama-Männer ständig aufpassen, bloß nicht auf die weibliche Seite zu kippen. Wer nicht die gelassene, erwachsene Stufe des »leben und leben lassen« erreicht hat, der wird es auch als zumindest vermeintlich Erwachsener noch ungeheuer bemerkenswert finden, dass jemand sich nicht bevorzugt mit jemandem vom anderen Geschlecht paart und seiner Umgebung damit auf den Wecker fallen, dass er diese Tatsache immer wieder hervorhebt.

»Ich glaub, der ist vom anderen Ufer, höhöhö.« Gähn.

Da lobe ich mir doch die entspannte Spielerei zweier wahrscheinlich doch eher heterosexueller Straßenbahnfahrer, die sich bei ihrer Ablösung begrüßten mit: »Na, Hase?« – »Na, Schnurzelbär?«

Nun mag man überkritisch anmerken, vielleicht sei da doch auch ein bisschen Schwulenveräppelung im Spiel gewesen. Aber ich schwöre Ihnen: So entspannt und spielerisch geht es bei Schwulenhassern nicht zu.

Vom Einparken ...

Die Sache mit den Abiturienten und den Schulabbrechern habe ich schon kurz erwähnt. In Hamburg beispielsweise betrug im Jahr 2010 der Anteil der weiblichen Abiturienten 54,8 Prozent. Bei den Schulabgängern ohne irgendeinen Abschluss war es hingegen genau umgekehrt. Da lagen die Jungen mit 57,8 Prozent vorn. In den übrigen Bundesländern sieht es nicht viel anders aus. Bereits vor zehn Jahren waren bundesweit 56 Prozent der Hauptschüler Jungen. An Gymnasien waren sie hingegen nur mit 46 Prozent vertreten. Lediglich an Realschulen gab es etwa gleich viele Jungen und Mädchen.

Seit Ende der 1990er-Jahre wird über die Ursache des Schulversagens der Jungen diskutiert und geforscht. Lange ging man davon aus, nicht mehr die Mädchen, sondern die Jungen seien nun das benachteiligte Geschlecht. Selbst die Tatsache, dass es sich bei Amokläufern an Schulen in der Regel um männliche Jugendliche handelt, versuchte man damit zu erklären, dass das deutsche Bildungssystem Jungen massiv benachteilige und damit frustriere. Immer wieder versuchte man diese Entwicklung zuungunsten der Jungen in den vergangenen Jahren darauf zu schieben, dass nicht nur in der Familie die Mutter die Hauptbezugsperson ist, sondern dass ja auch in der Schule die Chance erheblich größer ist, auf eine Lehrerin statt auf einen Lehrer zu treffen. Man wetterte bereits, diese »Feminisierung der Schulkultur« verhindere die Chancengleichheit und begünstige die Mädchen in unfairer Weise. Man müsse also unbedingt mehr männliche Lehrer einstellen, um die nun benachteiligten Jungen wieder in Startposition zu bringen.

Die Idee erscheint zunächst einleuchtend. Allerdings funktioniert sie nicht. Tatsächlich trifft es zu, dass Mädchen umso besser sind, je mehr Frauen unterrichten. Als ich zur Schule ging, waren die Lehrerinnen zumindest auf dem Gymnasium noch in der Unterzahl. Von denen, die es gab, taugten wenige als Rollenvorbild für Mädchen. Einige von ihnen waren unverheiratet und galten als »seltsam«. Es gab auch äußerst seltsame männliche Exemplare dieses Berufsstandes, aber ihnen wurde diese Tatsache offenbar eher nachgesehen. Was die Leistungen der Schüler anging, war es allerdings schon damals so, dass die Klassenbesten durchgängig Mädchen waren, und darüber wunderte sich auch niemand mehr.

Das war nicht immer so.

Vor gut hundert Jahren erschienen noch Bücher wie »Über den physiologischen Schwachsinn des Weibes«. Da war es für

Jungen noch einfach mit der Leistung. Man konnte sich in der Sicherheit wiegen, eh dem schlaueren Geschlecht anzugehören, und das auch selbstbewusst demonstrieren. Heute lassen Mädchen sich nicht mehr einreden, sie seien nun einmal dümmer als Jungen. Viele Lehrerinnen sind jung und engagiert, was es Mädchen leichter macht, sich nicht wie auf fremden Terrain zu fühlen, wenn es um die Welt der Leistung geht. In der Folge kam es bei ihnen zu einer Leistungsexplosion. Und wieder waren die kleinen Männer verunsichert, was denn nun tatsächlich männlich ist und was einen eher zu Mamas Liebling und damit unmännlich macht.

Auf einmal war Leistung so schwul wie lila Autos.

Manche Autoren gehen davon aus, dass Mädchen die Schule eher tatsächlich zum Lernen nutzen, während Jungen sie als einen Ort sehen, an dem man zeigen kann, was für ein toller Kerl man ist – allerdings nicht durch schulische Leistungen, sondern indem man beispielsweise die ausgrenzt, die als unmännlich gelten, und Mädchen gegenüber möglichst großspurig auftritt. Das heißt, die Leistungsschwäche der Jungen entsteht dadurch, dass sie sich mehr auf die Mitschüler als auf den Lehrstoff konzentrieren, und sie ist unabhängig vom Geschlecht des Lehrers. Wobei zu betonen ist, dass diese Tendenz sich vor allem auf den Teil der Jungen bezieht, der aus den sogenannten bildungsfernen Schichten oder Migrantenfamilien stammt. In diesen Familien liegen allerdings auch die Mädchen mit ihren Leistungen unter dem Durchschnitt.

In der Schule spielt das Geschlecht also nur noch insofern eine Rolle, als manche Jungen sich durch Umweg-Identifikation den Notendurchschnitt und damit häufig auch die Zukunft versauen. Im Beruf hingegen scheidet sich dann alles wieder fein säuberlich in unsere zwei Kategorien. Die Personalabteilungen von Firmen tun sich schwer mit der Forderung nach geschlechtsneutralen Bewerbungsverfahren, bei denen man zwar alles über Ausbildung, Qualifikationen und Vorerfahrungen des Bewerbers erfährt, bei denen aber zumindest bis zum Bewerbungsgespräch die Geschlechtszugehörigkeit aus den Unterlagen nicht hervorgeht. Wenn auch die Wahrscheinlichkeit, dass der Hausarzt einen Arzthelfer beschäftigt, nicht sehr viel größer ist, als einer Maurerin zu begegnen, sind doch in praktisch jedem Beruf heute Männer *und* Frauen tätig. Warum also ist diese Unterscheidung von Anfang an so wichtig?

Seit dem Anbeginn der Menschheit gab es eine strikte Aufteilung in das, was wir als männlich und das, was wir als weiblich bezeichnen. Es wäre ausgesprochen naiv zu glauben, dass uns all das, was unsere Vorfahren zu wissen glaubten und was uns noch heute Tag für Tag umgibt, nicht mehr beeinflusst. Selbst wenn wir nie ein Buch gelesen hätten, haben Eltern und Großeltern uns erzählt, wie Männer und Frauen früher lebten, und dieses Wissen hat unser Denken geprägt, ganz zu schweigen davon, dass wir auch heute noch Tag für Tag im Fernsehen mit Bildern aus Kulturen konfrontiert werden, in denen die Lebenswelten von Männern und Frauen sich in der gleichen Weise unterscheiden, wie das bei unseren Vorfahren der Fall war.

Wir leben nicht in einer Welt, in der das Geschlecht keine Rolle spielt, und so haben wir auch keine Vorstellung davon, wie es wäre, in einer solchen zu leben. Die Autorin Cordelia

Fine schreibt in ihrem Buch »Die Geschlechterlüge« dazu: »Kann es eine Gesellschaft, in der Männer und Frauen wirklich gleichbehandelt werden, denn überhaupt geben? Ironischerweise ist womöglich der unerbittlich-unüberwindliche Gegendruck, der das verhindert, gar nicht die Biologie, sondern unser durch die Kultur geprägtes Denken.«

Natürlich wirkt sich all das auch auf unsere Berufswahl aus. Schon früh lernen wir, was typische Männerberufe und was typische Frauenberufe sind. In vielen Branchen spielt das Geschlecht heute tatsächlich keinerlei Rolle mehr oder es ist zumindest relativ unwichtig. Das trifft auf die meisten Berufe zu, für die ein Universitätsabschluss erforderlich ist. In manchen Bereichen ist die erforderliche Geschlechtszugehörigkeit hingegen noch immer relativ strikt geregelt. Wer sich darüber hinwegsetzt, hat es auch heute nicht unbedingt leicht. Vor allem, wenn selbst die, die vermeintlich dazu beitragen wollen, zementierte Vorurteile abzubauen, dann doch wieder ein Schippchen Zement obendrauf packen.

So hieß es in einem Bericht über männliche Erzieher im Kindergarten auf *Spiegel Online*: »Wer sich als Mann gern mit kleinen Kindern umgibt, gilt als potenziell pädophil, somit als Risikofaktor. Allermindestens, sagt das Klischee, ist ein Kita-Erzieher doch ein Weichei.«

Eigentlich will der Artikel, ganz im Sinne von EU und Familienministerium, junge Männer dazu ermutigen, sich für diesen Beruf zu entscheiden. Er versucht ihnen das damit schmackhaft zu machen, dass ein Erzieher kaum weniger verdient als ein Kfz-Mechatroniker. Ein schlüssiges und bedenkenswertes Argument. Allerdings wette ich darauf, dass sich die jungen Männer auch nach Lektüre des Artikels lieber dafür entscheiden, Koch zu werden, obwohl sie in dem Beruf erheblich weniger verdienen als ein Erzieher und zudem meist äußerst familien- und sozialkontaktuntaugliche Arbeitszeiten haben. Denn ihr Unbewusstes hat dem Artikel wohl vor allem Folgendes entnommen: *Wenn ich als Mann in einem Kindergarten arbeite, hält man mich mindestens für ein Weichei, wenn nicht sogar für einen Pädophilen. Nee, dann doch lieber weniger Kohle.*

Wir haben also gesehen, dass es sowohl in der Schule wie auch im Beruf immer weniger möglich war, dem lange für unterlegen gehaltenen Geschlecht zu zeigen, wo es langgeht. Folglich musste man sich auf wenige Gebiete zurückziehen, wo man noch sicher sein konnte, dass da die Männer den Frauen wirklich haushoch überlegen sind. Viel blieb nicht mehr übrig. Also griff zumindest der Nicht-wie-Mama-Mann auf Bewährtes zurück – die Sache mit dem Einparken.

Weil es so ein allgemein verbreitetes und immer wieder gern geäußertes Vorurteil ist, der Durchschnittsmann könne besser einparken als die Durchschnittsfrau, gehen wir der Sache einmal nach. Selbstverständlich reden wir vom statistischen Mittel. Schon immer gab es natürlich auch Männer, die überhaupt nicht einparken konnten, und auf der anderen Seite begnadete Einparkerinnen.

Bei manchen Dingen erschließt sich nicht unmittelbar, was die Evolution sich dabei gedacht hat. Klarer wird es schon, wenn man sich die wissenschaftlichen Befunde etwas näher anschaut. Schon vor längerer Zeit fand man heraus, dass Frauen an bestimmten Zyklustagen genauso gut einparken wie Männer. Und zwar während der Menstruation. Während der Zeit also, in der sie üblicherweise nicht schwanger werden können. Aha. Das heißt, Frauen *können* einparken. Würden sie die Technik nicht beherrschen, dürfte es ja auch an diesen Tagen nicht klappen. Sie werden offenbar an ihren fruchtbaren Tagen von den Hormonen einparktechnisch lediglich künstlich heruntergedimmt.

Nun heißt es oft, dass der Mann gern konkurriert. Was auch heißt, er legt sich nicht gern auf etwas, das klüger ist als er. Frauen haben jahrtausendelange Erfahrung damit, sich doof zu stellen, um zu gutem Sex zu kommen. Naja, wenigstens zu Sex und damit zu Nachkommen. In letzter Zeit lässt sich jedoch kaum noch verheimlichen, wie schlau Frauen sind. Sogar beim durchschnittlichen Intelligenzquotienten liegen sie neuerdings vorn.

Nachdem man einige Zeit gewettert hatte, dass Akademikerinnen zu wenige Kinder bekommen und ihnen die Schuld dafür in die Schuhe schieben wollte, stellte sich heraus, dass sie schon gern welche hätten, dass sich die Männer bei ihnen nur am wenigsten kooperationsbereit zeigten. Da mussten dann offenbar schwachsinnige Konstruktionen wie das angebliche Einparkmanko der Frauen herhalten und dem Mann wenigstens dieser kleine Sieg gegönnt werden, damit er sich zur Begattung bewegen ließ. Also gestatteten wir ihm den kleinen, erektionsfördernden Triumph, sagen zu können: »Na gut, mehr Frauen als Männer machen Abitur, aber wir können besser EINPARKEN!«

Denn wie sähe eine Welt aus, in der Frauen wissenschaftlich anerkannt auch noch besser einparken können? Wir stellen uns ein Paar beim Sex vor. Der Mann müht sich, vielleicht nicht sonderlich geschickt, und die Frau denkt: »Naja, kein Wunder. Männer können eben nicht einparken.«

Ja, darum nahmen wir Frauen dieses kleine Handicap gern auf uns. Im Dienst der Arterhaltung.

Nun geben Wissenschaftler allerdings keine Ruhe, bis sie etwas endgültig geklärt haben. Da es in der Wissenschaft aber kein »endgültig« gibt, versucht man zumindest, mit einer noch exakteren Untersuchung und mit noch mehr Versuchspersonen aufzuwarten, um die Kollegen erst einmal zum Verstummen zu bringen.

Man beschloss also, die Einparksache zumindest *vorläufig* endgültig zu klären. Also wertete man die Überwachungsvideos von 700 englischen Parkplätzen aus, um an möglichst umfangreiches Datenmaterial zu gelangen. Und man stellte fest, dass Frauen lediglich *anders* einparken als Männer. Bei Männern geht das zack, zack. Frauen stoßen länger vor und zurück, bis sie endlich in der Lücke stehen. Im Schnitt fünf Sekunden länger. Das Ergebnis ist allerdings, wie man herausgefunden hat, dass die Frauen danach wirklich exakt und ordentlich in der Parklücke stehen, Männer nur so ungefähr. Was dann letztlich dazu führte, dass Männer oft noch einmal rangieren mussten, weil sie zu wenig Platz zum Nebenmann gelassen hatten. Letzten Endes siegten in der Punktwertung die Frauen.

Man könnte also sagen, Männer und Frauen haben unterschiedliche Ziele beim Einparken. Männer sagen sich: Hauptsache, das Auto steht. Frauen beschließen: Wenn schon, dann mache ich es ordentlich. Gäbe es beim Einparken Kopfnoten, lägen folglich wohl eher die Frauen vorn. Genau wie in der Schule. Und nun hat vor Kurzem auch noch eine Frau die erste inoffizielle, von einem Versicherungsvergleichsportal veranstaltete deutsche Meisterschaft im Einparken gewonnen!

Man befragte Fahrlehrer zu dem Phänomen. Sie meinten, die Frauen hielten sich exakt an das, was sie in der Fahrschule gelernt hatten, während die Männer offenbar dazu übergehen, ihren eigenen Stil zu entwickeln. Vielleicht haben die Männer, wie auch schon in der Schule, irgendwann beschlossen, das zu tun, was der Lehrer sagt, sei unmännlich. Gegen kreative Lösungen ist natürlich absolut nichts einzuwenden. Gegen trotzige Umweg-Identifikationen allerdings schon.

Wenn der Nicht-wie-Mama-Mann sein Auto schräg abstellt, ist das im Prinzip seine Sache. Wenn er sich seine berufliche Zukunft verbaut, indem er beschließt, fleißig zu sein sei was für Mädchen, ist das tragisch. Richtig gefährlich aber wird es für ihn in einem anderen Bereich. Sogar lebensgefährlich.

... und vom Totfahren

2008 ließ die DAK das Gesundheitsverhalten von Männern untersuchen. Was dabei herauskam, dürfte niemanden besonders überrascht haben. Fast jeder hat ein männliches Exemplar in seinem Umfeld, das sich selbst beim Auftreten heftigster körperlicher Symptome beharrlich weigert, einen Arzt aufzusuchen oder zumindest einer Frau zu gestatten, dort einen Termin für ihn auszumachen.

Dabei erweist sich schon sehr früh, dass Jungen das schwächere Geschlecht sind. Bereits im ersten Lebensjahr sterben mehr männliche Säuglinge als weibliche; allein die Gefahr des plötzlichen Kindstods ist bei ihnen doppelt so hoch. Dass vielen Männern ihre Gesundheit dennoch relativ schnurz zu sein scheint, zeigt sich auch in ihrer geringeren Lebenserwartung, die in Deutschland immerhin fünf Minusjahre ausmacht.

Nun geht man zwar davon aus, dass die Unterschiede in der Lebenserwartung nicht nur verhaltensbedingt sind, sondern dass auch im Tierreich die größeren Tierchen einer Spezies im Allgemeinen früher sterben als die kleineren und dass die weiblichen Geschlechtshormone eher lebensverlängernd und die männlichen eher lebensverkürzend wirken. Dass diese Faktoren aber gar nicht so entscheidend sind, stellte man fest, als man die Lebenserwartung von Mönchen und Nonnen miteinander verglich. Da ihre Tagesabläufe und Lebensweisen sehr ähnlich sind, macht bei ihnen tatsächlich nur das biologische Geschlecht den Unterschied. Man kam zu dem Ergebnis, dass ihre Lebenswartung sich deutlich weniger unterschied, und dass Mönche im Durchschnitt geschlagene viereinhalb Jahre länger leben als Männer außerhalb von Klostermauern.

Nun kommen Sie mir aber bloß nicht mit Kalauern, dass es Männern offenbar guttut, nicht den Stress mit den Weibern zu haben! Umgekehrt wird ein Schuh draus. Während verheiratete Männer im Schnitt zweieinhalb Jahre länger leben als unverheiratete, sterben verheiratete Frauen eineinhalb Jahre früher als unverheiratete. Wenn also jemand vom Zusammenleben profitiert, sind es die Männer.

Wenn der Mönch, obwohl ebenfalls mit den ungünstigeren Geschlechtshormonen ausgestattet, also dennoch fast genauso lang wie eine Frau leben kann, hängt die Einbuße an Lebensjahren beim Durchschnittsmann folglich nicht damit zusammen, dass er blaue statt rosa Strampler getragen hat, sondern mit dem, was er tut, nachdem er sie hinter sich gelassen hat.

Und da zeigt sich leider: nicht viel Gescheites.

So ist das Risiko junger Männer unter zwanzig, ums Leben zu kommen, doppelt so hoch wie das der gleichaltrigen jungen Frauen. Bis zum 25. Lebensjahr steigt es sogar noch an. Über die Ursachen brauchen wir nicht zu reden. Sie haben oft genug Bilder von Autos gesehen, die sich um Bäume gewickelt hatten, und wissen, dass die Fahrer selten junge Frauen waren.

Auch im Erwachsenenalter ist es nicht das biologische Schicksal, das am Lebensfaden der Männer nagt. Bei Frauen ist Brustkrebs die größte Bedrohung von Gesundheit und Leben. Erst im Alter wird diese Todesursache Nummer eins bei ihnen von anderen Krankheiten abgelöst. Bei Männern sind praktisch alle Krankheiten, bei denen sie im mittleren Alter vorn liegen, durch eigenes Fehlverhalten bedingt. Männer ernähren sich ungesünder. Nikotinbedingter Lungenkrebs und alkoholbedingte Lebererkrankungen bringen doppelt so viele Männer wie Frauen um.

Falls Sie sich an dieser Stelle fragen, ob das Ganze tatsächlich noch mit der Umweg-Identifikation zu tun hat, hier wieder ein kurzer Blick durchs Schlüsselloch in meinen therapeutischen Alltag.

In diesem Fall habe ich es mit einer Patientin zu tun, die sich schon häufiger darüber beklagt hat, dass ihr Ehemann sich eher wie ein Jugendlicher aufführt denn wie ein erwachsener Mann. Statt zumindest ein wenig seiner Freizeit Frau und Kindern zu widmen, verbringt er sie nahezu ausschließlich mit Computerspielen. Auch ihm hat es an einem männlichen Vorbild gefehlt, da seine Eltern sich schon früh scheiden ließen, und er danach über viele Jahre keinen Kontakt zu seinem Vater hatte. Zu den Dingen, die die Patientin besonders an ihrem Mann stört, gehört die Tatsache, dass er abends nach der Arbeit im Durchschnitt vier Flaschen Bier trinkt. Sie macht sich Sorgen, ob das nicht doch ein wenig viel sei und auf Dauer seiner Gesundheit schaden könne. Sie erzählte ihm von ihren Befürchtungen und fragte ihn, warum er denn so viel trinke.

Seine Antwort, so berichtet sie mir, sei gewesen: »Männer machen das. Männer trinken Bier.«

In einer Kultur, in der Frauen mittlerweile alles dürfen, was Männer lange für sich reklamiert haben, bleiben dem Mann, der sich seines Mannseins unsicher ist, nicht mehr viele Bereiche, in denen er sich noch beweisen kann, dass er ein richtiger Kerl ist. Alle Emanzipation hat nichts daran ändern können, dass die weibliche Leber schneller kapituliert als die männliche.

Man kann es lustig finden, dass jemand so eigenartige Vorstellungen darüber ausbildet, was es bedeutet, ein Mann zu sein. Ich fand es eher ausgesprochen traurig, mir vorzustellen, dass niemand einem Jungen gezeigt hatte, was es wirklich bedeutet. Und dass er nun seine Identität als Mann darauf begründen muss, dass Männer nun einmal ungesunde Dinge tun, und dass man, um ein richtiger Mann zu sein, offenbar gut daran tut, ebenfalls lebensverkürzende Verhaltensweisen anzunehmen.

Experten sind sich mittlerweile einig, dass es die traditionelle männliche Geschlechtsrolle selbst ist, die dazu führt, dass viele Männer sich und andere schädigen und ihre Aussicht auf ein langes und gesundes Leben beeinträchtigen. Dabei treiben laut der DAK-Studie über zwei Drittel aller Männer regelmäßig Sport. Offenbar lässt sich das mit dem männlichen Selbstbild erheblich besser vereinbaren, als Hilfe bei Onkel oder Tante Doktor zu holen.

Junge Männer gehen nicht einmal halb so oft zum Arzt wie junge Frauen. Später wird es nicht viel besser. An der Krebsvorsorge nimmt bei den Männern etwa ein Viertel teil. Bei den Frauen sind es zwei Drittel. Schließlich sind Frauen es meist von Jugend an gewöhnt, im Rahmen von Untersuchungen, die mit Verhütung oder Fortpflanzung zu tun haben, Arzt oder Ärztin auch dahin schauen zu lassen, wo normalerweise keine Sonne hinkommt. Damit tun Männer sich offenbar sehr viel schwerer.

Möglicherweise haben Mädchen auch schon früh von der Mutter gelernt, dass Frauen auf ihre Gesundheit achten müssen. Wenn man kleine Kinder zu versorgen hat, kann man es sich nicht leisten, auszufallen. Außerdem – wer sollte einen dann pflegen? Männer hingegen können es sich eher leisten, im Krankenbett zu liegen und sich ein paar Tage umsorgen zu lassen. Zumal Krankheit offenbar selbst für den Nicht-wie-Mama-Mann ein legitimer Grund ist, mal wieder ganz kleiner Junge sein zu dürfen, um den die Mama sich zu kümmern hat.

Natürlich gehen Männer auch mit psychischen Erkrankungen nicht viel anders um als mit körperlichen. Deshalb werden Sie in diesem Buch, in dem es um Frauen *und* Männer geht, nur wenige Therapiebeispiele mit männlichen Patienten finden, einfach deshalb, weil erheblich weniger Männer als Frauen zu mir und meinen Kollegen kommen.

Im Laufe eines Jahres wird bei etwa fünf Prozent der Männer in Deutschland eine Depression diagnostiziert. Bei Frauen wird diese Diagnose mehr als doppelt so häufig gestellt. Rein statistisch betrachtet könnte man Männer demnach für das zumindest psychisch robustere Geschlecht halten. Ganz anders sieht die Sache allerdings aus, wenn man sich die Selbstmordstatistiken anschaut. Zwei Drittel aller vollendeten Selbsttötungen werden von Männern begangen.

Für dieses Missverhältnis zwischen der geringeren Anzahl depressiv erkrankter Männer und der hohen Anzahl an Suiziden versuchte man natürlich Ursachen zu finden. Zumal man weiß, dass Depressionen die Hauptursache für eine Suizidgefährdung sind. Mittlerweile geht man davon aus, dass die Ursache in einer unheilvollen Mischung liegt.

Obwohl es jedem gesetzlich Versicherten in Deutschland möglich ist, ohne Umweg über den Hausarzt Hilfe beim Psychotherapeuten zu suchen, ist der Hausarzt häufig doch derjenige, der eine psychische Erkrankung zuerst zu Gesicht bekommt und der dem Patienten eine Psychotherapie empfiehlt. Allerdings gehen Männer, wie wir gesehen haben, seltener zum Hausarzt. Viele vermeiden alles, was irgendwie nach Schwäche, Angst oder Unsicherheit riechen könnte. Schon deshalb kann eine Depression bei ihnen länger unentdeckt bleiben.

Verschärfend kommt allerdings noch hinzu, dass depressive Symptome bei Männern anders aussehen als bei Frauen. So, wie man drohende Herzinfarkte bei Frauen früher nicht erkannte, weil sie bei ihnen oft völlig andere Symptome als bei Männern aufweisen, sind es nun die Männer, bei denen Depressionen nicht erkannt werden, weil sie sich in anderer Form zeigen. Während depressive Frauen oftmals eher niedergeschlagen sind und sich zurückziehen, äußert sich die Krankheit bei Männern beispielsweise in Gereiztheit und Wutausbrüchen.

Auch in der Art der Selbstmorde drückt sich die häufig erhöhte Aggressivität depressiver Männer aus. Nicht nur ihr eigenes Leben ist ihnen dann gleichgültig, sondern durch das krankheitsbedingt eingeschränkte Sichtfeld auch die Tatsache, dass sie andere Menschen schädigen. Die Zahl der Männer, die einen Schienen-Suizid begehen, ist fast dreimal so hoch wie die von Frauen. Männer sind in der Regel auch diejenigen, die nicht nur sich selbst umbringen, indem sie auf der Autobahn in den Gegenverkehr rasen, sondern die dabei in Kauf nehmen – wie gerade vor nicht allzu langer Zeit geschehen – eine ganze, ihnen völlig unbekannte Familie mit Kindern auszulöschen.

Häufig greifen depressive Männer auch zu Alkohol, wie zu einem Medikament, um sich damit scheinbar wieder zu stabilisieren. In Wahrheit schafft dies natürlich neue Probleme, schon allein deshalb, weil lediglich die Symptome betäubt, nicht aber die Ursachen angegangen werden.

Nach allem, was wir bisher erfahren haben, könnte langsam der Verdacht aufkommen, der moderne Mann sei ein bedauernswertes Kerlchen und sein weibliches Pendant mutiere allmählich zu Superwoman.

Gönnen wie uns eine Pause und schauen uns dann im nächsten Teil an, ob für die Frauen heute tatsächlich alles so viel einfacher ist.

KAPITEL 3

BARBIES UND FETTE SCHNECKEN

Von der Haus- zur Superfrau

Wie erwähnt, wählen viele kleine Jungen schon früh den Weg der Umweg-Identifikation, und einige davon werden Nicht-wie-Mama-Männer. Mädchen haben das Bedürfnis, sich von der Mutter abzugrenzen, erst etwa zehn Jahre später. Also in der Pubertät, zu einer Zeit, in der, wie man heute weiß, im Gehirn ebenso rege Bautätigkeit herrscht wie bereits zehn Jahre zuvor, wenn der kleine Junge beschließt, er müsse jetzt alles tun, um ein »richtiger Mann« zu werden.

Dass Teenies eine Spezies für sich sind, bedarf keiner Erklärung. In der IKEA-Reklame wird die halbwüchsige Tochter, der gerade die Teilnahme an einem Konzert untersagt wurde, sozusagen zur Materialtesterin, die die Haltbarkeit von Küchenmöbeln demonstriert. Weder ihre Werbefamilie noch der Zuschauer zu Hause wundern sich im Entferntesten über ihr Wüten. Denn jeder weiß: Na klar. Pubertät.

Früher war alles ein bisschen einfacher. Da war die Gebrauchsanleitung für das Frauenleben noch relativ übersichtlich. Sie war das Gegenteil dessen, was der Nicht-wie-Mama-Mann meint, durchziehen zu müssen, und lautete in der Frauenversion schlicht und einfach: *Mach einfach alles so, wie deine Mutter es gemacht hat. Oder, wenn du einen Mann von außerhalb geheiratet hast, halte dich an deine Schwiegermutter.* Letzteres ging relativ oft in die Hose, weil man sich vor der Hochzeit allenfalls den Mann, nicht jedoch seine Mutter gründlich genug angeschaut hatte.

Zumindest gab es weniger Wahlmöglichkeiten. Jungen machten nach, was der Vater tat, und Mädchen imitierten die Mutter. Vor hundert Jahren, selbst vor fünfzig Jahren noch haben kleine Mädchen gelernt, dass Frauen für das Häusliche zuständig sind. Dass sie, mit anderen Worten, *Hausfrauen* sind. Was sie diesbezüglich wissen mussten, brachte ihnen die Mutter bei, und darüber hinaus oder für den Fall, dass diese vielleicht keine perfekte Hausfrau war, gab es Unterricht für junge Damen oder Ratgeber, die sie darüber aufklärten, wie man eine Tafel perfekt deckt, wie eine Menüfolge auszusehen hat und wie man Strümpfe makellos stopft.

Heute ist die Weitergabe von Wissen von einer Frauengeneration zur nächsten nicht mehr so selbstverständlich. Zum Teil hängt das sicher auch damit zusammen, dass wir in einer Wegwerfgesellschaft leben. In früheren Jahrhunderten wurde bis zur Hochzeit einer jungen Frau alles zusammengetragen oder gefertigt, was sie für ihre Aussteuer brauchte. War es dann so weit, dass sie in die Familie ihres Ehemanns umzog, wurde alles auf einen Wagen geladen und dorthin transportiert. Was sie an Möbeln, Kleidung, Bettwäsche und Geschirr mitbrachte, benutzte sie oft ein Leben lang, und es ging anschließend in den Besitz ihrer Tochter oder Schwiegertochter über.

Heute halten wir es für völlig normal, uns im Laufe unseres Lebens mehrfach komplett neu einzurichten. Allenfalls haben wir ein Möbelstück oder ein wenig Geschirr der Großmutter als nostalgische Erinnerung mitgenommen. Normalerweise haben wir unseren eigenen Geschmack und wenig Interesse an dem, was in Mutters Schränken steht. Wir hören staunend zu, wenn Mutter und Großmutter aus der Zeit erzählen, als sie jung waren, und vielleicht stauben wir auch ein oder zwei nützliche Tipps für den Haushalt ab, wie beispielsweise, dass man ausgepresste Zitronenhälften als natürlichen Duftspender mit in die Spülmaschine geben kann. Abgesehen davon haben wir nicht den Eindruck, dass sie uns viel über das Erwachsenenleben in der heutigen Zeit beibringen können. Eher melden sie sich bei uns, wenn ihr PC mal wieder streikt.

Meine Großmutter hatte zwei Kriege erlebt und Zeiten, in denen Mangel herrschte. In ihrem Garten wuchsen Gemüse und Kräuter, zusätzlich hatte sie ein Grundstück mit Apfelbäumen. Zu Beginn jedes Winters war ihr Keller voll mit Vorräten. Sie bereitete Säfte selbst zu und füllte Unmengen von Gläsern mit Marmeladen und Obst. Unzählige Male habe ich von Männern und Frauen erzählt bekommen, ihre Eltern, ihre Großeltern oder auch nur ältere Nachbarn versuchten, sie jedes Jahr mit eimerweise selbst gepflücktem Obst zu beglücken, und sie wüssten partout nicht, wohin damit. Nicht, dass es nicht auch heute noch Menschen gibt, die Marmelade einkochen. In jedem Herbst präsentieren Frauenzeitschriften ihren Leserinnen die appetitanregendsten Neukreationen auf diesem Gebiet, wie Melonenmarmelade mit Limettensaft und Feigen-Johannisbeermarmelade mit Cassis. Schlichte Erdbeermarmelade ist ebenso wenig dabei wie ordinäres Quittengelee. Es geht nicht mehr darum, den nächsten Winter zu überstehen, sondern darum, einem Hobby zu frönen und interessante Mitbringsel für die Freundinnen zu haben.

Einmal in der Woche war Waschtag bei meiner Großmutter. Die Wäsche wurde in einem riesigen Kessel eingeweicht und dann auf dem Waschbrett geschrubbt. Ich war zwölf Jahre alt, als meine Oma ihre erste Waschmaschine bekam. Wahrscheinlich hat sie tatsächlich einen Großteil dessen, was ihr Leben ausmachte, von meiner Urgroßmutter gelernt. Meine Oma war nie berufstätig.

Meine Mutter hingegen war fast ihr ganzes Leben lang berufstätig. In ihrer Generation wurden eine Menge Geräte zur Erleichterung der Hausarbeit entwickelt. Mittlerweile, zwei weitere Generationen später, können viele junge Frauen (und Männer) gar nicht mehr kochen und ernähren sich ausschließlich von Fertiggerichten und dem, was ihnen – je nach Anspruch und Geldbörse – in Fast-Food- oder Edelrestaurants serviert wird. Nahrungszubereitung ist keine Notwendigkeit mehr, sondern für viele Menschen etwas, das man ausschließlich als Hobby betreibt oder um Gäste damit zu beeindrucken. Dann allerdings wird es im ganz großen Stil zelebriert. Im Alltag haben wir die Nahrungszubereitung weitgehend »outgesourct«. Auch in diesem Bereich können – oder wollen – viele

Frauen von ihren Müttern nichts mehr lernen in einer Welt, die sich schneller wandelt, als man gucken kann.

In einem anderen Bereich der Mädchenentwicklung geht es hingegen bei Weitem nicht so turbulent zu. Da hat sich über die Generationen sogar erstaunlich wenig verändert. Bei der überwältigenden Anzahl der Paare und jungen Familien ist es auch heute noch die Frau, die zumindest vorübergehend ihren Beruf aufgibt, wenn ein Kind kommt. Sie tut das, weil es ihr schwerer fällt, sich von ihrem Kind zu trennen, vielleicht aber auch nur, weil es alle tun. Sie tut es, weil der Mann mehr verdient, sie tut es, weil man es dem Mann noch schwerer als ihr macht, Vatersein und Beruf miteinander zu verbinden, oder sie tut es, weil ihr Partner keine Neigung dazu verspürt. Die Frau bleibt also zu Hause, und die Kinder lernen in dem Alter, in dem sich ihr Bild von der Welt prägt: Frauen sind zu Hause, und Männer gehen arbeiten. Da lernt das heutige Kind nichts anderes als sein Vorvorvorfahr. In der Welt der Vorschulkinder ist die Tatsache, dass Mama einen Uniabschluss hat und vielleicht noch einen Doktor vor dem Namen, nichts, das die Lebenswelt ihrer Tochter besonders berührt. Sie sieht, dass Mama einkauft, kocht und Kinder bekommt.

Also spielt das kleine Mädchen »Vater, Mutter und Kind«. Zumindest, wenn es ihr gelingt, den kleinen Bruder durch Zwang oder Bestechung in das Spiel einzubeziehen. Ansonsten ist Vater – wie im richtigen Leben – auf der Arbeit, und es bleibt bei »Mutter und Kind« in allen Varianten.

Eine Zeit lang sträubt man sich vielleicht noch dagegen, der kleinen Tochter ihren sehnlichsten Wunsch nach einer Barbie zu erfüllen (oder was auch immer die aktuellen pinkfarbenen

Glitzerträume kleiner Mädchen sind). Aber irgendwann hat die Mutter sich schließlich davon überzeugen lassen, dass das Lebensglück ihres Kindes davon abhängt, und gibt nach. Daran tut sie übrigens auch gut. Ich habe von Patientinnen schon öfter Klagen darüber gehört, wie schrecklich sie es fanden, dass sie ihr Mädchensein nicht ausleben durften, dass man ihnen beispielsweise einen praktischen Kurzhaarschnitt verpasste und sie nur in Hosen herumlaufen durften.

Ich hatte das Glück, noch viel von dem mitzubekommen, was meine Anverwandten so taten, wenn sie die Wohnung verließen. Als kleines Mädchen verbrachte ich ganze Tage in einer Wäscherei, in einer Reinigung, einem Haushaltswarenladen, einem Hutgeschäft, einer Fahrradwerkstatt und einer Scherenschleiferei. Lange bevor ich selbst eingeschult wurde, durfte ich einen ganzen Vormittag in einer Berufsschule im Unterricht dabeisitzen, malen und durch meine blanke Anwesenheit die jungen Männer und Frauen von dem ablenken, was mein Großvater vorne an der Tafel erzählte.

Solche Möglichkeiten haben Kinder heute immer weniger, weshalb sie sich ihre Vorstellungen vom Erwachsenenleben und der Welt da draußen jeweils selbst zurechtbasteln müssen. Zumal das Mädchen irgendwann merkt, dass Mama völlig out und ultrapeinlich ist. In einem gewissen Alter ist diese Einstellung normal. Man kann nicht ewig das kleine Mädchen bleiben, das wie eine Klette an Mama hängt, sondern muss, um erwachsen und selbstständig zu werden, den Reiz anderer Lebensentwürfe entdecken. Früher fand man dann Tanten oder Lehrerinnen spannend, die sich schicker kleideten und modernere Ansichten hatten als die Mutter. Heute sind auch die out. Da die Welt der Frauen sich stärker verändert hat als die der Männer, erscheint es offenbar am sichersten, sich an Vorbilder zu halten, die nicht veralten, weil sie immer wieder völlig neu erschaffen werden.

Willkommen in der gruseligen Welt der künstlichen Superfrauen.

Warum wir nachahmen, was wir doof finden

Welch fürchterlichen Stress Frauen sich vom Schönheitsideal der modernen Medien machen lassen, ist hinlänglich bekannt.

Schönheit – was auch immer in einer bestimmten Epoche darunter verstanden wird – ist schon seit Anbeginn der Menschheit ein wichtiges Thema. Schließlich handelt es sich dabei nicht einmal um eine Erfindung unserer Spezies. Selbst im Tierreich hat *das* Männchen die größten Chancen, seine Gene weiterzugeben, das mit dem buntesten Federkleid oder der lautesten Stimme die Weibchen verzückt. Bei uns haben lediglich die Geschlechter ihre Aufgaben getauscht, und hier und heute sind die Frauen die Farbenprächtigeren, die, von denen man mehr Mühe erwartet, wenn es darum geht, das andere Geschlecht auf sich aufmerksam zu machen.

Zu jeder Zeit gab es Frauen, die als attraktiv oder aber als unansehnlich galten. Allerdings war der Maßstab früher ein völlig anderer. Man kannte die weiblichen Verwandten, die Nachbarinnen, die Frauen am Dorfbrunnen und traf manchmal noch ein paar fremde auf dem Markt in der nächstgelegenen Stadt. Man stellte fest, dass es dicke und dünne, große und kleine Frauen, unterschiedliche Nasenformen und Busenausführungen gab. Viel zu konkurrieren gab es dennoch nicht, denn den zukünftigen Ehemann suchte der Vater aus.

Schwierig wurde es in dem Augenblick, als den jungen Frauen die Partnerwahl selbst überlassen wurde. (Was ich nach wie vor dennoch für eine recht gute Idee halte.) Da kam die Konkurrenz ins Spiel.

Ich weiß nicht, wie es in Ländern, in denen immer noch der Vater die Auswahl des seiner Meinung nach geeigneten Mannes trifft, mit den sogenannten Körperbildstörungen bei jungen Frauen aussieht. Ich kenne lediglich eine Statistik, die besagt, dass sich in Deutschland lediglich zwei Prozent der Frauen schön finden. In Saudi-Arabien sind es 16 Prozent.

Von einer *Körperbildstörung* redet man dann, wenn jemand beim Blick in den Spiegel etwas völlig anderes sieht, als seine Umwelt wahrnimmt. Früher rechnete man dieses Phänomen teilweise dem Bereich der Essstörungen zu, zu denen beispielsweise die Magersucht, die *Anorexie*, oder die Ess-Brechsucht, die *Bulimie*, gehören. Aber der Begriff Körperbildstörung trifft den Kern dieser Erkrankungen in der Regel tatsächlich besser, und sie ist gewaltig auf dem Vormarsch. Mittlerweile muss man schon großes Glück haben, um auf ein junges Mädchen zu treffen, das nicht der Meinung ist, sein Hintern sei zu dick. Und zwar völlig unabhängig davon, wie die Maße tatsächlich sind und an welcher Stelle der statistischen Normalverteilung sie damit liegt.

Selbst in meiner Kindheit war es noch so, dass man sich nahezu ausschließlich an den Personen seiner unmittelbaren Umgebung orientierte. In meinem Fall waren das zwei Tanten, die eine acht, die andere vierzehn Jahre älter als ich. Schon als kleines Mädchen beobachtete ich sehr genau, wofür sie sich interessierten und wie sie sich kleideten. Mütter eignen sich für solche Beobachtungen nicht ganz so gut, denn sie sind – aus der Sicht eines kleinen Mädchens – Wesen aus einer anderen Galaxie. Erwachsene. Junge Tanten oder ältere Schwestern sind Mischwesen, angesiedelt irgendwo zwischen dem Punkt der Entwicklung, an dem man sich selbst gerade befindet und der unbegreiflichen Welt der Erwachsenen.

Heute sind die Vorbilder der jungen Mädchen oft keine Menschen aus Fleisch und Blut, sondern Kunstwesen. Schauspielerinnen, Sängerinnen oder Models. Keine Amateurinnen also, sondern Profis. Was die Sache so problematisch macht, ist die Tatsache, dass es sich nicht einfach um frisch frisierte und aufwendig geschminkte Menschen handelt, die uns präsentiert werden. Was wir zu sehen bekommen, hat mit der Realität nicht viel bis gar nichts mehr zu tun. Auch ich sehe im Alltag nicht so aus wie die Dame auf dem rückwärtigen Umschlagbild dieses Buches. Für dieses Foto habe ich mir wenige Stunden vorher extra die Haare gewaschen, habe mich noch ein wenig sorgfältiger geschminkt als sonst und bin zu einem Profi gegangen, der viele Aufnahmen von mir machte, aus denen wir dieses eine Foto ausgesucht haben. Wahrscheinlich hat der Fotograf bei der Nachbearbeitung auch noch ein paar Hautunregelmäßigkeiten entfernt. Das ist nichts Besonderes, so werden Porträtaufnahmen beinahe schon gemacht, seit die Fotografie erfunden wurde.

Nicht anders läuft es bei den Bildern, die wir in Zeitschriften zu sehen bekommen. Fotografen müssen Hunderte Fotos von

Models machen, damit das eine herausgesucht werden kann, das schließlich auf den Modeseiten landet. Selbst ein von Meisterhand frisiertes und geschminktes Model ist auf einem Großteil der Fotos also nicht schön genug, um es in die Zeitung zu schaffen. Davon, in welchem Ausmaß Bilder digital bearbeitet werden, um den Busen praller, die Augen größer, die Taille noch schlanker erscheinen zu lassen, wollen wir gar nicht erst reden. Es gibt sogar Bestrebungen, Vorschriften zu erlassen, die das Ausmaß dieser Bearbeitungen eindämmen, ebenso, wie darüber diskutiert wird, allzu dünne Models nicht mehr auf die Modeseiten und Laufstege zu lassen.

Um noch einmal auf die Barbie zurückzukommen, mit der mittlerweile bereits Generationen von Mädchen aufgewachsen sind: Ich habe mir vor einigen Jahren einmal den Spaß gemacht, eine solche Puppe zu vermessen. Ich habe ihre Körpergröße in Verhältnis zu ihren sonstigen Maßen gesetzt und auf menschliche Konfektionsgrößen umgerechnet. Dass sie sehr schlank ist, war nicht allzu überraschend, und dass ihre Oberweite in Kleidergröße 38 passen würde, ist noch nicht unbedingt zu beanstanden. Dass ihr Hinterteil locker in ein Höschen Größe 36 passen würde, macht sie schon erheblich schlanker als die deutsche Durchschnittsfrau. Als es um die Taillenweite ging, wurde es dann allerdings schwierig, die entsprechende Vergleichszahl zu finden. Hier wurde ich erst in einer Tabelle für Kinderkleidung fündig. Wäre die Barbie eine Frau aus Fleisch und Blut, hätte sie den Taillenumfang eines zweijährigen Kindes. Ausgerechnet die Puppe, die nicht unerheblich dazu beiträgt, im Unbewussten des kleinen Mädchens das Bild zu festigen, wie eine Frau zu sein hat.

Kommen Sie mir aber nach allem, worüber wir bisher gesprochen haben, jetzt nicht noch mal mit der Ansicht, das sei doch nur Spielzeug, und schließlich könne ein kritischer Mensch sich spätestens im Erwachsenenalter von so etwas distanzieren! Dieser Meinung dürfen Sie gern sein, nur sollten Sie sich hüten, sie in Gegenwart eines Hirnforschers zu äußern. Wenn Sie dem erzählen, dass das, was uns Tag für Tag umgibt, von dem Spielzeug unserer Kindheit bis zur späteren medialen Dauerberieselung, keine Auswirkung darauf hat, wie wir uns und die Welt wahrnehmen, dann lacht der sich schlapp. Vielleicht fragt er sie aber auch nur, wie häufig in ihrer Kindheit an Weihnachten Schnee lag.

Mittlerweile ist man sich jedenfalls sicher, dass verzerrte Vorbilder tatsächlich für die immense Zunahme an Körperbildstörungen verantwortlich sind. Auch wenn dieses Thema alles andere als neu, sondern im Gegenteil zurzeit viel diskutiert ist, werde ich mich ihm etwas ausführlicher widmen, denn ich habe damit in meiner Praxis ständig zu tun.

Viele junge Frauen wählen sich heute als Vorbilder also Wesen, die entweder in der Realität überhaupt nicht existieren, sondern das Ergebnis einer professionellen Bildbearbeitung sind, oder die erhebliche Qualen auf sich nehmen, um den schönen Schein für einen kurzen Augenblick auf dem Catwalk wahren zu können. Da mag der bewusste Teil unseres Gehirns noch so sehr der Meinung sein, eigentlich seien diese superdünnen Models noch nicht einmal besonders hübsch. Wenn Sie tagein, tagaus ebendiese Frauen präsentiert bekommen und zudem noch jedes Mal kommentiert wird, das seien die schönsten Frauen der Welt, dann geht Ihr Unbewusstes irgendwann in die Knie und notiert sich: Frauen, die Size Zero tragen, gelten als besonders schön.

Size Zero ist übrigens die Größe, die Modeschöpfer schneidern, wenn sie die Prototypen ihrer Modelle herstellen, die dann auf dem Laufsteg getragen werden. Size Zero entspricht der Konfektionsgröße 32 und somit den Maßen eines zwölfjährigen Mädchens. Freiwillig stellt die Natur solche Körper bei erwachsenen Frauen nicht her, da muss man schon jede Menge gesundheitsschädlicher Dinge tun, um wieder in Kinderklamotten zu passen.

Wir schütteln heute verwundert die Köpfe über vergangene Entgleisungen des Schönheitsideals wie Korsetts, die Frauen kaum Luft zum Atmen ließen, oder gar die schmerzhaft verkrüppelten Füße bei den chinesischen Frauen noch vor wenigen Generationen. Aber viel gesünder ist das Schönheitsideal junger Mädchen heutzutage auf keinen Fall. Zumal Barbies Füßchen, auf denen sie nicht einmal freihändig stehen kann, locker mit denen einer Chinesin der damaligen Zeit konkurrieren können. Man darf nicht vergessen, dass das Vorbild der Barbie eben keine Frau, sondern eine Karikatur gewesen ist, also eine Verzerrung. Eine Mitbegründerin der Firma Mattel entdeckte die Puppe Lilli, die nach einem Comic in der BILD hergestellt worden war, bei einem Europaurlaub, und ihre Firma erwarb die Rechte daran.

Wie eine Barbie aussehen könnte, die auf den Maßen einer Durchschnittsfrau beruht, zeigte kürzlich der amerikanische Künstler Nickolay Lamm. Doch noch ist beim derzeit regierenden weiblichen Schönheitsideal nicht wirklich eine Bewegung in eine Richtung zu erkennen, die körperlich und psychisch bekömmlicher wäre. Nicht nur auf den Laufstegen, auch im Modeteil der Frauenzeitschriften sind durchweg sehr dünne Models zu sehen. Das müssen sie ja auch sein, werden die zuständigen Redakteurinnen gewiss argumentieren, sonst würden sie ja nicht in die Kleider passen, die von den Modefirmen produziert werden, deren neueste Kollektionen vorgestellt werden. Bei den Frauen weigern sich die großen Labels beharrlich, Kleidung für Frauen zu schneidern, die nicht mehr in Größe 42 passen. Wenn sie es tun, dann allenfalls verschämt unter dem Namen einer Zweitmarke. Da man sich in Frauenzeitschriften aber auf diese Firmen beschränkt … Hier beißt sich die Katze in den Schwanz.

Alle paar Jahre wird eine große Anzahl von Männern und Frauen vermessen. Dies geschieht, um die Konfektionsgrößen anzupassen. Bei der letzten Messung 2009 stellte sich heraus, dass der durchschnittliche Taillenumfang der deutschen Frau 84,9 cm beträgt. Das entspricht Konfektionsgröße 44.

Nun ist es an Ihnen, sich eine Meinung zu bilden. Also los, wir leben in einem freien Land, sagen Sie, was Sie denken! Sie können sich entscheiden zwischen: »Irgendwie ist es schon pervers, wenn alle bekannten Modemacher mehr als die Hälfte aller Frauen ausschließen und wenn laut einer Umfrage 92 Prozent aller Frauen unzufrieden mit ihrem Körper sind.«

Oder Sie entscheiden sich für die Variante: »Selber schuld, sollen die fetten Schnecken doch abnehmen.«

Selbst *die* Frauenzeitschriften, die angeblich kritisch mit den Vorbildern umgehen, die von Models verkörpert werden, haben sich offenbar für die zweite Variante entschieden. Obwohl jede Ausgabe ihrer Hefte einen umfangreichen Modeteil hat, wird Bekleidung für den überwiegenden Teil der Frauen nur unregelmäßig vorgestellt, allenfalls ein- bis zweimal im Jahr. Man präsentiert dann ausnahmsweise Frauen, die Größe 42/44 tragen (und damit, wir erinnern uns, exakt der deutschen Durchschnittsfrau entsprechen), die aber – wie mutig! – trotzdem zufrieden mit sich sind. Eine Art Paralympics der Mode, sozusagen.

Vielleicht schauen wir uns beim Zahnarzt oder beim Friseur deshalb so gern die Paparazzifotos in Zeitschriften an, für die wir niemals freiwillig Geld ausgeben würden. Weil es uns erleichtert zu sehen, dass die Menschen, die uns sonst unerreichbar schön erscheinen, in der Pause zwischen zwei Filmen nicht anders aussehen als Lieschen Müller am Bad-Hair-Day, und dass der Sixpack, den wir im letzten Film noch bewundert haben, sich im Alltag unter ein gemütliches Bäuchlein zurückgezogen hat.

Andererseits bedeutet das wiederum, dass auch Stars *eigentlich* normale Menschen mit normalen Körpern sind. Allerdings muss diese Tatsache der Öffentlichkeit gegenüber ängstlich verborgen werden, was wiederum die Regenbogenpresse veranlasst, größere Summen für Fotos lockerzumachen, die ebendiese Wahrheit enthüllen. Irgendwie pervers, finden Sie nicht? Immer wieder erfahren wir, was die Stars alles tun, um eben nicht wie »normale« Menschen auszusehen, welche Diäten sie dafür auf sich nehmen, welche Schönheitsoperationen, und wie viel ihr Personal Trainer an ihnen verdient. Wir lesen, dass Frauen, die allgemein als Vorbilder in Sachen Schönheit dienen, sich neben einer 500-Kalorien-Diät gesundheitsgefährdende Schwangerschaftshormone spritzen lassen, um bloß nicht wie die Frau von nebenan auszusehen. Zeigt sich ein Hollywoodschauspieler mit einer Ehefrau, die auf jeder Straße dieser Welt als normalgewichtig durchgehen würde, die aber einige Kilos mehr auf den Rippen hat, als es den in ihrem Umfeld herrschenden rigorosen Normen entspricht, wird sie im Internet dafür beschimpft, sich erst einen Mann zu angeln und sich dann »so gehen zu lassen«.

Und das obwohl, ganz nebenbei, noch niemand ein wirklich zuverlässiges Rezept für eine langfristig wirksame Form des Abnehmens gefunden hat und obwohl laut »Stiftung Warentest« 97 Prozent aller Diäten scheitern. Jedes medizinische Verfahren mit einer so geringen Erfolgsquote wäre längst auf dem Schrottplatz der Medizingeschichte gelandet.

Natürlich ist nicht das Mindeste dagegen zu sagen, wenn Menschen möglichst schon im Kindesalter lernen, gut auf sich und ihren Körper achtzugeben, nicht allzu viel Müll in sich hineinzustopfen und sich etwas mehr zu bewegen, als unser modernes Leben uns das im Alltag abverlangt. Aber das klappt auf Dauer – wie es bei den meisten Dingen der Fall ist – dann am besten, wenn wir gute Vorbilder haben, Eltern, denen es Spaß machte, zu kochen und sich zu bewegen. Wenn Ernährung hingegen nur Trost und Sport nur eine ungeliebte Plackerei bedeuten, wird das mit dem gesunden Leben auf Dauer nicht klappen. Ein schlechtes Gewissen führt nicht zu einer dauerhaften Verhaltensänderung, und Selbsthass schon gar nicht. Dem Problem des echten (nicht nur eingebildeten) Übergewichts stehen wir nach wie vor hilflos gegenüber. Hilflosigkeit ist schwer zu ertragen, nicht nur für Nicht-wie-

Mama-Männer, und so wollen wir einfach nicht glauben, dass wir bisher in Wahrheit so wenig darüber wissen, was Übergewicht verursacht und was es verlässlich bekämpfen könnte, wie wir außerstande sind, ein wirksames Medikament gegen den ordinären Schnupfen zu entwickeln.

Die Schildchen des Schreckens

Wofür machen wir Amateure, deren Beruf nicht die Schönheit ist, uns eigentlich den ganzen Stress? Um Konkurrenz allein kann es nicht gehen, darum, den tollsten Typen abzukriegen. Denn dass auf diesem Tun kein Segen ruht, das lehren uns die bunten Blätter zur Genüge.

Gerade dort, wo sich die angeblich schönsten Menschen der Welt tummeln, scheint die Haltbarkeitsspanne von Beziehungen besonders kurz zu sein. Dass man sich nur bemühen muss, möglichst dicht an das derzeit gültige Schönheitsideal heranzukommen, um den Partner zu bekommen, der einen glücklich macht – das funktioniert nicht und widerspricht auch unserer Alltagserfahrung. Jeder kennt ausgesprochen attraktive Menschen, die ein verdammt schlechtes Händchen bei der Auswahl ihrer Lebensabschnittsgefährten haben, und solche, die sozusagen im Schatten des geltenden Ideals seit Jahren glücklich und zufrieden mit einem Mann zusammenleben, der wie eine Mischung von Brad Pitts und Orlando Blooms Bruder aussieht.

Wenn es also nicht um den Kampf ums beste Männchen geht – worum dann?

Offenbar geht es um ein Bedürfnis, das bereits lange vor dem nach einem Sexualpartner existiert, nämlich dem nach Bewunderung. Allein die Vorstellung, im Scheinwerferlicht zu stehen, macht viele Menschen richtiggehend high.

Dabei handelt es sich nicht um das allgemein menschliche Bedürfnis nach Beachtung, das ganz kleine Kinder haben. Sie brauchen die Mutter noch sozusagen als Spiegel, um ein Bild von sich selbst bekommen zu können. Bei einer guten Mutter lernen sie: Sie strahlt mich an, also bin ich offenbar wichtig und liebenswert. Bei einer weniger guten Mutter lernen sie: Sie beachtet mich nicht, also bin ich anscheinend unbedeutend und verkehrt.

Für Jugendliche werden zunehmend Menschen außerhalb der Familie wichtiger, und sie müssen lernen, deren Regeln zu begreifen, um es zu etwas zu bringen in der Welt. Das ist schwierig und nicht immer von Erfolg gekrönt. Vor allem in der Pubertät und in den Jahren danach erscheint das oft unerreichbar. Wenn die Realität so anstrengend ist, versucht man es mit der Fantasie: Wie wäre es, wenn man sich gar nicht mehr anstrengen müsste, sondern wenn man selbst diejenige wäre, an der die anderen sich orientieren? Das wäre doch der optimale Beweis dafür, dass man alles richtig gemacht hat! Ganz nebenbei könnten damit auch noch ein paar alte Wunden geheilt werden, die aus Zeiten stammen, in denen man sich klein, mies und unbeachtet fühlte. Diese Art der Verarbeitung von Kränkungen nennen die Psychologen *Narzissmus*, nach dem Jüngling Narziss, der sich einer griechischen Sage nach in sein Spiegelbild verliebte.

Nicht nur bei den Weltanschauungen gibt es Moden, sondern auch im Bereich psychischer Störungen. Hier gilt der

Narzissmus als die Modekrankheit unserer Zeit. Nicht Verbundenheit und Mitgefühl bestimmen das Miteinander, sondern die Suche nach Bewunderung. Dahinter stecken häufig eine tiefe Verunsicherung und ein schwaches Selbstbild, die der Betreffende versucht, durch Erfolg und Anerkennung zu heilen.

Ebenso, wie die Vorbilder vieler junger Menschen keine wirklichen Personen aus Fleisch und Blut sind, sind ihre Berufswünsche oft nicht realitätsgerecht. Mädchen haben auch früher schon davon geträumt, Schauspielerin oder Sängerin zu werden. Allerdings hat sich das dann irgendwann gegeben. Heute träumen manche junge Frauen (und Männer) diesen Traum auch dann noch, wenn es höchste Eisenbahn wäre, sich *ernsthaft* mit dem Thema Berufsfindung auseinanderzusetzen.

Selbst wenn es einem Bruchteil von ihnen gelänge, diese Träume zu verwirklichen, müssten sie irgendwann feststellen, dass es sich bei dem, was dabei zu gewinnen ist, lediglich um eine Ersatzdroge handelt. Richtig satt, zufrieden und glücklich macht in Wahrheit eben nur das, was schon in unserer allerfrühesten Lebenszeit unsere wichtigsten Bedürfnisse gestillt hat: die auch körperlich und sinnlich spürbare, verlässliche Anwesenheit von Menschen, die uns lieben, und zwar über eine lange Zeit hinweg, nicht nur in einigen wenigen Augenblicken, in denen wir ihrem Ideal nahekommen. Verglichen damit ist der Wunsch, von einer anonymen Masse bewundert zu werden, von Menschen, die einem niemals nahekommen, vor denen wir unser wahres Selbst ängstlich verbergen müssen, doch eher bedauernswert. Die Bewohner Hollywoods sind neben ihrer Schönheit nicht nur für hochfrequente Partnerwechsel, sondern auch für häufige Aufenthalte in Entzugskliniken bekannt. Was wiederum nicht eben darauf hindeutet, dass Rampenlicht besonders zufrieden macht.

Natürlich gibt es wunderschöne Menschen, die ein glückliches Familienleben führen, die meine ich aber nicht. Ich rede hier von jungen Leuten, die nicht begreifen, was ein Leben wirklich erfüllt macht, die sich selbst verleugnen und verdrehen, um etwas hinterherzulaufen, das in Wahrheit gar nicht existiert. Das Tragische ist: Die jungen Frauen, die mit Körperbildstörungen zu mir in Behandlung kommen, die große Schwierigkeiten haben, sich selbst zu akzeptieren, sind in der Regel nicht die am unteren Ende der Attraktivitätsskala, eher im Gegenteil.

Hierzu wieder ein kleines Beispiel aus meiner psychotherapeutischen Arbeit mit einer jungen Frau.

Die Patientin kommt schon seit einiger Zeit zu mir. Vorrangig leidet sie unter depressiven Verstimmungen und Zukunftsängsten, die sich zu diesem Zeitpunkt schon etwas gebessert haben. Sie kleidet sich eher zweckmäßig, schminkt sich nicht, aber sie ist trotzdem eine ausgesprochen aparte Erscheinung, schlank, mit einem zarten, ebenmäßigen Gesicht und dichten schwarzen Locken. In dieser Sitzung erzählt sie mir, eigentlich sei es ihr in dieser Woche ganz gut gegangen.

»Eigentlich?«, frage ich.

Nein, da gebe es nichts Wichtiges, nur etwas völlig Banales.

Natürlich hake ich nach.

Sie sei mit einer Freundin unterwegs gewesen, die sich etwas zum Anziehen habe kaufen wollen. Eigentlich habe sie sie dabei nur begleiten wollen.

»Ich weiß, ich bräuchte selbst mal wieder eine Hose, aber – das ist bei mir immer so eine Sache«, meint sie. »Ich hätte es besser wissen müssen, aber ich habe dann auch eine anprobiert.«

»Und?«, frage ich.

Die Hose habe tadellos gepasst, berichtet sie. Allerdings sei sie eine Größe über dem gewesen, was die Patientin normalerweise trage.

Natürlich habe sie die Hose nicht gekauft. Sie sei so geschockt gewesen, dass für den Rest des Tages nichts mehr mit ihr anzufangen gewesen sei. Ihr Mann habe sich abends gewundert, warum sie so schlecht drauf sei. Die Ursache habe sie ihm nicht sagen können. »Das versteht der nicht.«

Natürlich ist das absolut kein Einzelfall. Diese Geschichte habe ich – mit kleinen Abwandlungen – bestimmt schon ein Dutzend Mal von Patientinnen gehört, und Sie kennen ähnliche Geschichten auch, da könnte ich wetten.

Fast jede Frau hat dieses Umkleidekabinendrama schon einmal erlebt. Eine Zahl auf einem winzigen Stückchen Stoff, oft nicht größer als der Nagel des kleinen Fingers und für die Umwelt völlig unsichtbar, entscheidet darüber, ob man sich wie eine junge Gazelle oder wie eine alte Elefantenkuh fühlt. Fatalerweise fallen bei der Mode für junge Mädchen (die von Körperbildstörungen am häufigsten betroffen sind) die Kleidungsstücke besonders eng aus. Bei ihnen ist alles grundsätzlich mindestens eine Größe kleiner, und sie müssen sich deshalb mindestens eine Größe »dicker« fühlen.

Irgendwie kann ich mir beim besten Willen nicht vorstellen, dass unsere Vorfahrinnen diesbezüglich auch schon so heftig drauf waren. Das liegt sicherlich nicht nur daran, dass sie andere Sorgen hatten, zum Beispiel, ob man über den Winter kommt oder verhungert. Sondern vor allem daran, dass sie sich nicht mit Fantasieprodukten verglichen.

Viele Frauen benötigen für dieses Spiel, für das Messen an einem nur scheinbar erstrebenswerten Zustand, nicht einmal eine Umkleidekabine. Es genügt eine Waage, um sich zu tyrannisieren. Wenn es sein muss, steigen sie mehrfach am Tag darauf. Wer tatsächlich lediglich sein Gewicht kontrollieren will, wiegt sich vielleicht einmal in der Woche. Viele Frauen, die ein entspanntes Verhältnis zu ihrem Körper haben, erzählen, sie hätten gar keine Waage. Wenn sie merken, dass der Hosenbund kneift, greifen sie eine Zeit lang morgens zum Brötchen statt zum Croissant und nehmen auf der Arbeit die Treppe statt des Aufzugs, so lange, bis die Hose wieder passt. So einfach ist das für sie.

Dass Körperbildstörungen nichts damit zu tun haben, wie viel jemand wiegt, oder überhaupt damit, wie er aussieht, ist ein alter Hut, denn das besagt ja schon der Begriff. Wir alle kennen Berichte von zum Skelett abgemagerten jungen Frauen unterhalb der Dreißig-Kilo-Marke, die dennoch beim Blick in den Spiegel eine dicke Frau vor sich sehen. Aber auch fast jeder hat eine mollige Frau in seinem Bekanntenkreis, deren Kleidergröße um einiges über dem liegt, was man bei sich selbst noch für akzeptabel halten würde, die sich aber dennoch nicht davon abhalten lässt, zu essen, zu leben, zu trinken, und die es gleichzeitig schafft, immer wieder ansehnliche Männer für sich zu gewinnen, die sie für eine Schönheitskönigin halten. Ebenso, wie es selbstbewusste Männer gibt, die sich nicht in die Umweg-Identifikation flüchten müssen, um ein annehmbares Bild von sich selbst zu entwickeln, gibt es selbstbewusste Frauen, die ihr Selbstwertgefühl weder von ihrer Kleider- noch von ihrer Körbchengröße abhängig machen. Aber was sind die Ursachen dafür, dass viele sich, ihre Partner und ihre Umwelt damit quälen, dass sie ihr für den Außenstehenden oft völlig unauffälliges Gewicht immer wieder zum Thema machen?

Ich stelle diesen Patientinnen meist sehr bald die Frage, was ihre Mutter ihnen über Weiblichkeit beigebracht hat.

Kinder lernen auf zweierlei Weise. Zum einen merken sie sich, mehr oder weniger bewusst, was man ihnen über sie selbst und über die Welt beibringt. Für das Thema Körperbild und Körperbildstörung bei Frauen bedeutet dies, überspitzt formuliert: So, wie in die Wiege hineingeschaut wurde, schaut man selbst später in den Spiegel. Gab es zu wenig liebevolle Blicke, Angelächeltwerden, Schmusen, gab es beim Windelwechseln und Gebadetwerden nur raue Berührungen, so schlussfolgert man: Offenbar bin ich nicht liebenswert, und mein Körper ist eklig. Das ist die eine Art, wie Kinder lernen.

Zum anderen beobachten sie, wie die Eltern das so machen mit der Welt, und sie ahmen es nach. Da kann dann auch bei den nettesten Müttern noch etwas schiefgehen, nämlich bei denen, mit deren eigenem Selbstbewusstsein es nicht allzu gut steht. Für kleine Kinder sind Eltern Götter, und die Familie ist das Universum. Es ist schwer zu begreifen, wenn die Mutter, die man in diesem Alter noch für die tollste und schönste der Welt hält, ständig Diäten macht oder auf andere Weise demonstriert, dass sie unzufrieden mit sich selbst ist. Ein Mädchen lernt dann: Frausein bedeutet, ständig unzufrieden mit sich selbst zu sein. Hinzu kommt, dass es für jemanden, der sich selbst ständig infrage stellt, schwer ist zu glauben, er habe es fertiggebracht, ein ziemlich nettes Kind zu produzieren, und dem Kind dies auch zu vermitteln. Eine solche Mutter wird wahrscheinlich auch dem Kind gegenüber kritischer sein, als es angemessen ist.

Bei den Patientinnen mit mehr oder weniger ausgeprägten Körperbildstörungen stoße ich praktisch immer auf eine dieser beiden Varianten. Entweder war schon die Mutter ständig unzufrieden mit sich und ihrem Aussehen. Oder es wurde geradezu als Familienhobby betrieben, an der Tochter herumzumeckern. Vorzugsweise in der Pubertät, denn da ist die Chance, dass die abgeschossenen Pfeile ins Schwarze treffen, besonders groß. Ich habe keine Sammlung der dämlichen Elternsprüche angelegt, die ich im Laufe der Jahrzehnte von meinen Patientinnen zu hören bekommen habe, aber ich habe immer wieder den Kopf geschüttelt.

Von »Steckenbeinen« war da die Rede, vom »Arsch wie ein Brauereigaul«, besonders gern wurde auch das Wachstum des Busens kommentiert, das sich nach Meinung der Eltern entweder zu flott oder zu zögerlich gestaltete.

Ganz am Rande, nur falls Sie sich fragen, wie Eltern, die eigentlich dafür da sein sollten, das Selbstbewusstsein ihrer Nachkommen zu stärken, überhaupt auf die Idee kommen, derart das Selbstbewusstsein zerfressenden Schwachsinn von sich zu geben: Das hat mit dem zu tun, was nahezu alle meine Patienten gemeinsam haben – unreife Eltern. Diese Sorte von

Eltern ist oft in ihrer eigenen Pubertät hängen geblieben, was dazu führt, dass sie sich nicht verhalten können wie Erwachsene. Wozu wie erwähnt gehört, Verantwortung für sich selbst und andere übernehmen zu können und über ein gesundes Maß an Impulskontrolle zu verfügen. Stattdessen verhalten sie sich wie pubertierende ältere Geschwister. Die stabilisieren ihr altersbedingt etwas schwächliches Selbstwertgefühl gern dadurch, dass sie die jüngeren Geschwister piesacken. Als Kind und als Jugendlicher kann man das nicht durchschauen, sondern man nimmt die Aussagen der Eltern für blanke Wahrheit. Da kann der Spiegel, da können sämtliche Menschen, mit denen man es zu tun hat, einem tausendmal erzählen, man sei hübsch und liebenswert – wenn das Unbewusste die giftigen Botschaften abspult, die man einst erhalten hat, oder wenn die Medien sich einig sind, zu dünn könne man eigentlich nie sein – dann hat die Realität keine Chance.

Wie man lernt, eine Frau zu sein

Auch sonst lernen Mädchen von den Müttern mitunter manches, was nicht besonders förderlich ist. Viele Frauen berichten mir von heftigen Menstruationsbeschwerden, davon, dass sie unter Bauchkrämpfen leiden, oft tagelang im Bett liegen oder extrem launisch sind, dass sie unter depressiven Verstimmungen leiden und in dieser Zeit eine Tendenz zu ausgeprägter Selbstkritik haben. Dass dies allgemeines weibliches Schicksal ist, glauben auch viele Männer. Vor Jahren habe ich einmal ein Interview mit einem international bekannten Popstar gesehen, in dem er meinte, er sei froh, keine Frau zu sein, da er nicht jeden Monat diese fürchterlichen Schmerzen erdulden wolle. Ich fragte mich: Wovon redet der Mann? Von welchem Planeten kommt er? (Kurz darauf stellte sich heraus, dass er zumindest nicht vom Planeten der Heterosexuellen stammt. Das entschuldigt ihn aber in keiner Weise. Zur Grundausstattung eines schwulen Mannes gehört normalerweise eine beste Freundin, die ihm solchen Unsinn hätte ausreden müssen.)

Für die meisten Frauen besteht die einzige Unannehmlichkeit der Menstruation darin, dass sie daran denken müssen, gelegentlich den Tampon zu wechseln. Menstruationsbeschwerden sind also alles andere als unausweichliches weibliches Schicksal. Natürlich rate ich Patientinnen mit starken Beschwerden zu allererst, von ihrem Frauenarzt oder ihrer Frauenärztin abklären zu lassen, ob körperliche Ursachen vorliegen. 70 bis 80 Prozent aller Frauen mit chronischen Unterbauchschmerzen leiden beispielsweise an Endometriose, einer gutartigen Wucherung der Gebärmutterschleimhaut.

Aber ich frage meine Patientinnen auch, was ihre Mutter ihnen über Menstruation beigebracht hat, wie sie selbst mit dem Thema umging und generell mit der Tatsache, dass sie eine Frau ist. Dabei werde ich sehr häufig fündig. Wieder ein Beispiel aus meiner therapeutischen Praxis, das für viele andere steht.

Die Patientin erzählt mir, die erste Regel habe sie völlig unvorbereitet getroffen. Sie sei fest davon überzeugt gewesen, eine schwere, möglicherweise tödliche Krankheit zu haben.

»Ich habe meine schmutzige Wäsche hinter einem Regal versteckt, weil ich mich fürchterlich geschämt habe«, erzählt sie, »und weil man mit meiner Mutter über ›so etwas‹ nicht sprechen konnte.«

Zudem habe sie sich schuldig gefühlt, da sie einige Zeit zuvor mithilfe eines Spiegels nachgeschaut habe, wie sie »da unten« denn überhaupt so aussehe. (In diesem Bereich sind Mädchen Jungen gegenüber tatsächlich etwas benachteiligt. Sie brauchen einen Spiegel, um ihre äußeren Sexualorgane überhaupt in Augenschein nehmen zu können.) Sie sei damals fest davon ausgegangen, die »Krankheit« sei sozusagen die Strafe für diese unerlaubte Neugier.

Ich weiß, dass die Patientin eine vier Jahre ältere Schwester hat. »Hat denn auch Ihre Schwester nie mit Ihnen über das Thema Menstruation gesprochen?«, frage ich. »Haben Sie nie mitgekriegt, wenn sie ihre Tage hatte?«

»Nein«, antwortet die Patientin, »obwohl wir in einem Zimmer geschlafen haben. Auch sie hat nie etwas darüber gesagt.«

Nach einiger Zeit habe die Mutter die verschmutzte Wäsche entdeckt. Es habe ein Donnerwetter gesetzt, weil die Patientin sich nicht gleich offenbart habe.

»›Das haben alle Frauen, und das kriegst du jetzt jeden Monat‹, hat sie nur gesagt«, berichtet die Patientin. »Dann hat sie mir Binden gegeben und diese grässlichen Dinger, mit denen man die damals noch festgezurrt hat. Ich hatte keine Ahnung, wie das überhaupt funktioniert, aber irgendwie hab ich es dann allein hingekriegt.«

Auch diese und ähnliche Geschichten habe ich dutzendfach gehört. Allenfalls gab es von der Mutter noch einen lapidaren Kommentar, der den Mädchen deutlich machte, dass sie nun in die Phase eines nahezu lebenslangen Martyriums eingetreten seien. Keine dieser Mütter war gern Frau oder auch nur mit ihrer Weiblichkeit einigermaßen versöhnt. Häufig waren sie als kleine Mädchen ihren Brüdern gegenüber benachteiligt worden und hatten deshalb schon früh beschlossen, wenn man als weibliches Wesen auf die Welt komme, habe man wohl die Karte mit dem großen A darauf gezogen. Kein Wunder, dass diese Mütter ihren Töchtern das Frausein nicht gerade schmackhaft machen konnten.

Die Frauen, die keine Menstruationsbeschwerden haben, hatten – zumindest meiner Erfahrung nach – entweder Mütter, die keine Probleme mit ihrer Weiblichkeit hatten, die ihre Töchter rechtzeitig aufklärten, die ihnen keine Angst machten und die vielleicht sogar der Meinung waren, die erste Menstruation der Tochter markiere den Eintritt in die spannende Welt der Frauen und sei ein Anlass, mit ihr zumindest den größten Eisbecher am Platze essen zu gehen.

Andere Mädchen hatten zum Zeitpunkt der ersten Menstruation längst festgestellt, dass sie gut daran taten, von allem, was ihre Mutter ihnen erzählte, am besten exakt das Gegenteil zu glauben. Sie umgingen die Gefahr jahrzehntelanger Menstruationsbeschwerden durch Umweg-Identifikation. Sie wurden Nicht-wie-Mama-Frauen, und manche fuhren damit sogar ganz gut.

Wann Frauen den Mund halten sollten

Viele nette und wohlmeinende Männer leiden hilflos darunter, von ihrer Partnerin mit fortwährenden Selbstzweifeln konfrontiert zu werden. Gern mit solchen, die sich auf vermeintliche Fehlbildungen des Rumpfes oder angrenzender Körperpartien beziehen. Die französische Karikaturistin Claire Bretécher hat eine solche Szene schon vor vielen Jahren in einem Comic verarbeitet. Im Bett liegt ein Mann und betrachtet mit freundlichem Interesse seine Partnerin, die sich gerade auszieht und bettfertig macht. Sie zupft an sich herum und fragt ihn, wie man jemanden lieben könne, der *so* einen Bauch und *so* hässliche Cellulite habe. Obwohl er versucht, ihre Ängste zu entkräften und ihr sagt, sie sehe doch entzückend aus, fährt sie mit ihren Selbstbeschimpfungen fort und meint, kein Mann könne sie sexy finden. Doch, er tue es, meint der Mann. Ja, aber kein *richtiger* Mann, lautet die Antwort. Man kann sich vorstellen, dass der Abend damit gelaufen ist.

Diese Selbstabwertungen sind eine recht verbreitete Krankheit, mit der viele Frauen ihre Partner quälen. Das Schlimme ist, dass sie *wissen*, dass sie die Männer damit in den Wahnsinn treiben. Trotzdem können sie es nicht bleiben lassen. Denn was sich dahinter verbirgt, ist nicht nur eine Marotte oder eine schlechte Angewohnheit. Und schon gar nicht handelt es sich bei diesen Frauen um Menschen, die sich ihre Probleme selbst machen. Ursache sind vielmehr tiefe Selbstzweifel, die meist aus der Kindheit herrühren. Da man diesen Zusammenhang nicht erkennen kann und da man nicht erträgt, Gefühle zu haben, die man nicht benennen kann, wird man davon ausgehen, man sei nicht liebenswert, weil man nicht den perfekten Körper hat.

Irgendwie versucht man dann vergeblich, zwei Erfahrungen zusammenzubringen, die einfach nicht zusammenpassen: Das unbewusste »Ich bin nicht liebenswert«, das aus der Frühzeit stammt, und die aktuelle Erfahrung: »Da ist jetzt aber einer, der behauptet, er liebt mich.« Da muss man dann schon Kapriolen schlagen, damit das irgendwie funktioniert, sei es in der Variante: *Wahrscheinlich hat er einfach noch nicht richtig hingeguckt*, oder, falls das nicht klappt, in der Variante: *Dann kann er wohl kein richtiger Mann sein.*

Die Selbstzweifel wird der netteste und geduldigste Partner nicht nehmen können, schon gar nicht, wenn er anfängt, mit ihr zu argumentieren, wie im Beispiel gesehen. Auch ihr vor Augen zu halten, wie unsexy es wäre, einen Mann zu haben, der jeden Abend vor dem Schlafengehen seine körperlichen Unzulänglichkeiten beklagt, hilft nichts. Vielleicht verschärft sich das Ganze für sie noch dadurch, dass sie fürchtet, den Mann mit ihrem Generve erst recht aus dem Haus zu treiben. Da kann er sich den Mund fusselig reden. Gegen das, was das Unbewusste ihr zuraunt, kommt er nicht an.

Also, Männer. Nicht argumentieren. Nicht sagen: »Ich finde dein kleines Bäuchlein süß« oder »Aber du hast doch gar keine Cellulite«. Sondern aus dem Bett springen, die Liebste in die Arme nehmen, sie ernst anschauen, den Kopf schütteln und sagen: »Wenn du dich weiter beschimpfst, werde ich böse, denn ich kann nicht dulden, dass jemand meine Liebste beschimpft«, oder im Wiederholungsfall: »Mit deinem Selbstwertgefühl ist definitiv was nicht in Ordnung. Da musst du dran arbeiten.«

Im wiederholten Wiederholungsfall sollte er, vor allem wenn er es nicht erträgt, dass seine Liebste sich so quält, darauf hinweisen, dass es einen Berufsstand gibt, der sich Psychotherapeuten nennt und der unter anderem dafür zuständig ist, quälenden Selbstzweifeln zu Leibe zu rücken.

In der Partnerschaft jedenfalls haben diese Selbstbeschimpfungen nichts verloren. Schlucken Sie sie runter und erledigen Sie sie da, wo sie hingehören.

Ja, ich bin durchaus der Meinung, dass Frauen manchmal den Mund halten sollten. Dies ist eine der Situationen, in denen ich es für angebracht halte. Hier eine weitere.

Ich weiß nicht, wie oft Handwerker von Frauen den Satz zu hören bekommen: »Schauen Sie sich bloß nicht um, wie es hier aussieht! Ich bin gerade dabei …« Dann folgt irgendeine Ausrede, die erklären soll, warum es hier nicht aussieht wie im Schöner-Wohnen-Teil einer Frauenzeitschrift oder zumindest nicht so geleckt wie früher bei Muttern zu Hause. Was in aller Welt soll der arme Handwerker antworten, den nichts interessiert außer dem Weg zur kummerverursachenden Waschmaschine und der in seinem Leben schon viele Wohnungen gesehen hat?

Soll er eine ernste Miene aufsetzen, das Kreuz über seine Kundin schlagen und murmeln: »Ego te absolvo?« Soll er ihr erzählen, bei ihm zu Hause sehe es noch viel schlimmer aus, oder, noch besser, alles sei besser als der übertriebene Putzwahn seiner Angetrauten?

Es ist eines erwachsenen Menschen unwürdig, sich bei einem Wildfremden für etwas zu entschuldigen, das den weder interessiert noch das Mindeste angeht. *Projektion* nennt der Psychologe das, wenn wir einem anderen Menschen Gedanken unterschieben, die eigentlich unsere eigenen sind, und wenn wir beispielsweise genau zu wissen glauben, was dem Handwerker genau in diesem Moment zweifelsfrei durch den Kopf geht.

Lassen Sie das bleiben. Niemand kann Gedanken lesen, nicht einmal Psychotherapeuten. Wenn Ihre Wohnung also weniger aufgeräumt ist, als Sie sich das wünschen, wird es einen Grund dafür geben. Entweder ist Ihnen Ihre Zeit zu schade, um dafür zu sorgen, dass man jederzeit vom Fußboden essen könnte; Sie fühlen sich überfordert von dieser Aufgabe, leiden unter der Unfähigkeit, Wichtiges von Unwichtigem zu unterscheiden oder können sich von nichts trennen, nicht einmal von Dingen, die andere Menschen als Müll bezeichnen würden. Nichts davon geht den wackeren Handwerker etwas an, der lediglich erschienen ist, um seine Arbeit zu erledigen.

Es gibt Gründe dafür, warum Sie sind, wie Sie sind. Wenn Sie unter Ihrer Art leiden, Ihr Leben und Ihre Wohnung zu gestalten, ist möglicherweise ein Psychotherapeut der richtige Ansprechpartner. Er ist es gewohnt, zur Mama gemacht zu werden, von der man Trost, Zuspruch oder Hilfe bekommen möchte. Der Klempner ist damit in der Regel etwas überfordert. Ganz abgesehen davon, dass es nicht wirklich erleichtert, sich für etwas zu entschuldigen, das andere gar nicht interessiert. Im Gegenteil, man merkt, dass es eigentlich unangemessen ist, und fühlt sich noch mieser. Machen Sie sich nicht selbst zum Kind, das ein schlechtes Gewissen und Angst hat, dass die Mama schimpft. Seien Sie eine Erwachsene, die zu sich und ihrem Leben steht.

Zumindest nach außen hin.

Multitasking-Terror

Wir sind noch nicht am Ende der Möglichkeiten angelangt, die Frauen haben, um sich zu quälen und Männer in den Wahnsinn zu treiben. Wenn gerade weder Spiegel noch Waage zur Verfügung stehen, tut es zur Not auch eine Frauenzeitschrift. Und zwar beileibe nicht nur, was die Themen Mode und Schönheit betrifft. Als moderne Frau betrachtet man das, was man dort liest, natürlich allenfalls mit kritischem Interesse. Schließlich ist man nicht das Hausmütterchen der Fünfzigerjahre, das seine alleinige Lebensaufgabe darin sah, dem Mann ein behagliches Heim zu bieten, seine Karriere zu unterstützen und seine Kinder großzuziehen.

Vor vielen Jahren habe ich einmal einen Western gesehen, in dem ein Trapper heiratete und mit der Frau in die Wildnis zog, in seine – gelinde gesagt – doch eher zweckmäßig eingerichtete Holzhütte. Als er am Abend des ersten Tages nach Einzug der Ehefrau nach Hause kam, hingen an den Fenstern Vorhänge, auf dem Tisch lag eine Tischdecke, und eine Vase mit Blumen stand darauf. Man begriff: Das ist eine der Aufgaben, die Frauen bewältigen müssen. Dem Mann, der auf sich allein gestellt in Gefahr ist, zum Barbaren zu werden, zu vermitteln, was Zivilisation ist. Solche Bilder sind schwer aus dem Kopf zu bekommen.

Bloß: Zum einen hatte der Mann bisher möglicherweise (außer regelmäßigem Geschlechtsverkehr) gar nicht so furchtbar viel vermisst. Oder, wie ein Patient von mir es einmal ausdrückte: *Eigentlich brauche ich den ganzen Firlefanz gar nicht. Mir reichen ein Bett, ein Tisch, ein Stuhl und ein Dach über dem Kopf.* Zum anderen saß die Frau des Trappers den ganzen Tag mutterseelenallein in einem Wald am Hinterteil des Universums und hätte sich ohne ein wenig Hütten-Umstylen zu Tode gelangweilt beim Warten auf den Ehemann, der unterwegs war, um Tiere totzumachen.

Damit identifiziert sich heute (zumindest bewusst) keine Frau in unserer Kultur mehr. Nein, man ist selbst gut ausgebildet, hat die Berufstätigkeit lediglich für einige Jahre unterbrochen. In den Frauenzeitschriften will man sich allenfalls ein paar Anregungen holen. Rund ums Jahr liefern Redakteurinnen Anregungen dafür, wie man aus alten Kommoden hippe Designermöbel fertigt und aus einem schlichten Japanballon und achtzig selbst gefalteten Himmel-und-Hölle-Kästchen die supercoole Deckenlampe zaubert. All dies hat etwas ungeheuer Verlockendes, verspricht, dem Idealbild einer Frau näher zu kommen, die superheldinnengleich Kindererziehung, Putzen, Nahrungsbeschaffung und -zubereitung meistert und nebenbei noch Muße hat, kreativ zu sein. Im selben Heft geht es in lustigen Glossen meist um Situationen, in denen etwas mal wieder fürchterlich schiefgegangen ist. Die Leserinnen erkennen sich darin wieder und sind beruhigt, dass andere Frauen auch nicht alles mit links schaffen. Andererseits – wie schaffen diese Frauen es, all das zu meistern und ganz nebenbei auch noch witzige Kolumnen und Bücher zu schreiben?

Von ihnen will man sich abschauen, was man früher von der Mutter lernte. Ach nein, Sie wollen das nicht? Ich nehme diese ganze Sache viel zu ernst? Sie blättern doch nur zur Entspannung ein bisschen in diesen Magazinen! Tja, aber können Sie auch für Ihr Unbewusstes die Hand ins Feuer legen? Dafür, dass es nicht vielleicht, während Sie sich entspannen (was übrigens Ihr Unbewusstes besonders aufnahmefähig macht, aber das nur am Rande) all das speichert, was Sie gerade aufnehmen, und es für bare Münze nimmt? Wundern Sie sich jedenfalls nicht, wenn es Ihnen irgendwann die Rechnung präsentiert. Spätestens dann, wenn Sie wieder einmal völlig unzufrieden mit sich sind und das Gefühl haben, absolut nichts auf die Reihe zu bringen. Vor allem meine depressiven Patientinnen lassen sich von dem fertigmachen, was Frauenzeitschriften als Realität verkaufen.

Männer können meist ganz gut unterscheiden, was man von einem Profi und was man von einem Amateur verlangen kann. Sie erwarten nicht unbedingt von sich, etwas so gut zu können wie jemand, der eine solide Ausbildung in einem Bereich und jahrelange Berufserfahrung hat. Im Berufsleben sind Frauen oft ähnlich realistisch, Perfektionistinnen mit völlig überzogenen Ansprüchen an sich selbst sind dort nicht wesentlich häufiger vertreten als ihre männlichen Pendants. In den Jahren, die viele Frauen auch heute noch mit dem verbringen, was man Eltern- oder Erziehungsarbeit nennt, sieht es hingegen häufig völlig anders aus.

Was dann oft weder die Leserinnen der Frauenzeitschriften noch ihr eifrig protokollierendes Unbewusstes begreifen: Die Redakteurinnen sind Profis. Sie gehen morgens zur Arbeit und werden dafür *bezahlt*, dass sie sich überlegen, wie man die angesagten innenarchitektonischen Trends umsetzen könnte. Das machen sie geschätzte acht Stunden am Tag. Dann gehen sie nach Hause. Möglicherweise dürfen sie das, was sie tagsüber auf der Arbeit produziert haben, nachdem es für die nächste Ausgabe fotografiert wurde, mitnehmen, und möglicherweise sieht es deshalb bei ihnen tatsächlich schicker als in einer normalen Wohnung aus. Wie ja umgekehrt auch eine belebte Wohnung in der Regel wenig Ähnlichkeit mit dem hat, was man in Wohnzeitschriften zu Gesicht bekommt. Haben Sie auch nur einmal auf den Seiten eines solchen Magazins ein Katzenklo zu Gesicht bekommen? Oder auch nur eine Fernsehprogrammzeitschrift?

Wenn das Herstellen stylisher Dinge nicht gerade ihr Job wäre, hätten die Redakteurinnen von Frauenzeitschriften wahrscheinlich viel zu wenig Zeit, um dergleichen für den eigenen Hausgebrauch herzustellen. Wer allerdings mit seinem Selbstwertgefühl Probleme hat, traut sich nicht unbedingt zu, selbst festlegen zu können, was zum eigenen Leben und zur eigenen Persönlichkeit passt, und fängt plötzlich an zu glauben, bei dem, was in Fernsehen und Zeitschriften als Realität verkauft wird, handele es sich tatsächlich um das wahre Leben und nicht nur um den schönen Schein.

Vor Weihnachten laufen die Redakteurinnen zur Höchstform auf. Ab Anfang Oktober, ein komplettes Vierteljahr lang also, bekommen die Leserinnen Bastel-, Handarbeits-, Kauf-,

Geschenk-, Dekorations- und Rezeptvorschläge für das bevorstehende Fest. Erinnerungen an die Weihnachtsfeste der Kindheit machen dann gerade Frauen, die eine Familie gegründet haben, besonders empfänglich für diese Tipps. Schließlich hat man jetzt rein theoretisch wieder etwas mehr Zeit für die Dinge, die man früher bei der Mutter gesehen hat oder gar mit ihr zusammen machen durfte und die so einen angenehmen Duft nach Geborgenheit und Heimeligkeit ausströmen. Plätzchen backen an Weihnachten zum Beispiel. Wann ist man dazu in den letzten Jahren schon gekommen? Wäre doch schade, wenn die Kinder nur noch das Fließbandgebäck kennenlernen, das ab September in den Supermarktregalen liegt. Und weil wir schon dabei sind: Die Großmutter hatte doch immer die selbst gebastelten Strohsterne am Weihnachtsbaum hängen. Da gab es nichts Gekauftes. Schließlich will man den Kindern ja auch Werte vermitteln, sieht es kritisch, wenn in ebenjenen Frauenzeitschriften jedes Jahr eine andere Weihnachtsdeko-Sau durchs Dorf getrieben wird, wenn die knallbunten Kugeln vom vergangenen Jahr dieses Jahr schon wieder völlig out sind und skandinavische Schlichtheit in. Das muss man ja nicht mitmachen.

Selbst bei Frauen, die sich vorher gegen solche Einflüsterungen als immun erwiesen haben, greift plötzlich das, das ich »Die Diktatur des Frauenzeitschrift-Ideals« nennen möchte. Als Therapeutin habe ich mit diesem Phänomen öfter zu tun, und seine Macht kann Frauen wirklich unglücklich machen.

Dazu wieder ein Beispiel.

Es handelt sich um eine Patientin, die wegen einer Depression seit einiger Zeit bei mir in Behandlung ist. Inzwischen geht es ihr bereits erheblich besser. Sie hatte beschlossen, nachdem ihr Sohn in den Kindergarten ging, wieder halbtags zu arbeiten, und ist zufrieden mit dem neuen Job.

In der ersten Sitzung nach den Weihnachtsferien berichtet sie zunächst, es sei ihr in der Zeit ganz gut gegangen. Nur zwischendurch, da sei sie wieder »in ein Loch gefallen«. Sie habe in einem Maße an sich gezweifelt, dass sie sich sogar gefragt habe, ob es nicht besser für ihre Familie sei, wenn sie sich umbringe. Ich erschrecke und forsche genauer nach, was denn die Ursache gewesen sei. Es stellt sich heraus, dass ihre Vorstellungen davon, wie ein perfektes Weihnachtsfest auszusehen habe, sehr explizit gewesen waren. Sie wisse, dass sie ja eigentlich »nicht so die Super-Hausfrau« sei und Hausarbeit eigentlich hasse, aber sie habe sich vorgenommen, dieses Jahr solle der Sohn ein richtig klassisches Weihnachtsfest erleben.

Sie hatte geplant, mehrere Sorten Weihnachtsplätzchen mit ihm zu backen, habe die ganze Wohnung von Grund auf putzen, Weihnachtsschmuck selbst basteln, die Wohnung damit dekorieren und an Weihnachten ein aufwendiges Menü kochen wollen. Davon, dass es ihre Aufgabe war, für jeden in der Familie, einschließlich der Schwiegereltern, passende Weihnachtsgeschenke zu überlegen und sie zu besorgen, wollen wir erst gar nicht reden.

»Ich habe fast nichts davon umsetzen können«, meint sie. »Ich kriege einfach nichts auf die Reihe!«

Ich stelle ihr die Frage, was sie wohl glaube, was ihrem Mann und dem kleinen Sohn wichtiger sei: eine Frau und Mutter, die all diese Pläne umsetze, aber am Ende ein selbstmordgefährdetes psychisches Wrack sei, oder eine gut gelaunte, entspannte Frau und Mutter, die eine nicht perfekt geputzte Wohnung mit gekaufter Weihnachtsdekoration schmücke, die es bei ein oder zwei Plätzchensorten bewenden lasse und den Rest kaufe und bei der es statt eines Menüs, das eines Gourmetlokals würdig sei, Kartoffelsalat und Würstchen gebe.

Sie ahnen gewiss, was die Patientin antwortete.

Sicher liegt die Ursache für diese selbst gewählte Überforderung nicht nur in dem, was man als Kind erlebt und in der Erinnerung verklärt hat. Es ist auch die kindliche Sehnsucht danach, all das noch einmal zu erleben, was sich damit verknüpft, oder, wenn das nicht der Fall war, dass dies wenigstens jetzt geschehen möge. Unser Unbewusstes bastelt aus dem, was wir erlebt – oder vermisst – haben, und all dem, was im Verlauf unseres Lebens an Sinneseindrücken zum Thema »Weihnachten« auf uns eingeprasselt ist, sein eigenes Programm zusammen. Inklusive Erinnerungen an Schneemassen, die es nicht gab.

Mit der Realität hat das nichts zu tun. Kein Mann, der seine fünf Sinne beieinander hat, sagt zu seiner Frau: »Ich bin enttäuscht, weil du den Weihnachtsschmuck nicht selbst gebastelt hast und weil du keine acht verschiedenen Sorten Weihnachtsplätzchen gebacken hast.« Natürlich gibt es auch völlig durchgeknallte Männer. Und natürlich kann ich nicht ausschließen, dass irgendwo ein Frauenquäler sitzt, dessen Spezialität darin besteht, genau festzulegen, wie das perfekte Weihnachtsfest auszusehen hat. Aber ich rede hier vom frauenfreundlichen Durchschnittsmann.

Kinder finden es toll, wenn es Geschenke gibt, und der Mann findet es meist toll, wenn er mal ein paar Tage nicht zur Arbeit muss. Den Stress machen die Frauen sich selbst, und sie orientieren sich dabei an Unerreichbarem. Mit anderen Worten: Sie schneidern ihr Leben nicht selbst, so, dass es für sie passt, sondern versuchen, in ein Kleid zu schlüpfen, das für eine imaginäre Frau mit Traummaßen geschneidert wurde. Und sind dann todunglücklich, wenn sie feststellen müssen, dass es vorn und hinten nicht passt.

Ja, es gibt tatsächlich Frauen, die die Wohnung fantasievoll weihnachtlich schmücken, die Plätzchenrezepte ausprobieren und verfeinern. Aber sie tun das, weil sie Zeit haben und/oder weil es ihnen Spaß macht. Nicht, um ein Bild von sich selbst zu gestalten, das der Realität nicht entspricht. Und auch nicht, um etwas mühsam zu rekonstruieren, das aus der eigenen Vergangenheit stammt und schon damals nicht Regel, sondern Ausnahme war.

Aber kaum hören viele Frauen das Wort »Weihnachten«, verhalten sie sich wie ferngesteuert. Das ist fast so gruselig wie im Film »Telefon«, der in den Siebzigerjahren in den Kinos lief und in dem Charles Bronson die Hauptrolle spielte.

(Mal ganz kurz am Rande: Dass ich manchmal Beispiele bringe, die nicht ganz taufrisch sind, ist nicht nur meine Schuld. Ich habe Bekannte gebeten, die eine Generation jünger sind als ich, mir welche zu nennen. Die kamen dann mit Songs und Filmen, die nicht nur aus den Siebzigern, sondern manchmal sogar aus den Fünfzigern und Sechzigern stammen. Und das Internet ist in der Beziehung nicht weniger nostalgisch …)

Jedenfalls hatte man in dem Film »Telefon« Menschen Zeilen eines Gedichts ins Unbewusste eingepflanzt. Jahre später brauchte nur ihr Telefon zu klingeln und eine Stimme diese Zeilen zu rezitieren, und schon verwandelten die harmlosen Mitbürger sich plötzlich in Killermaschinen. Gut, das war Kino, nicht Realität. Aber viel anders funktioniert die Sache mit dem Unbewussten auch in unserem Beispiel nicht.

Die daraus resultierenden weihnachtlichen Nervenzusammenbrüche sind übrigens nichts Neues. Sie haben Tradition. Viele meiner Patientinnen erzählen mir, das Weihnachten ihrer Kindheit sei immer eine Katastrophe gewesen, denn ihre Mutter habe jedes Mal durch die ganze Überlastung einen Nervenzusammenbruch gehabt. Viele Menschen haben aufgrund der alljährlichen häuslichen Katastrophen ihrer Kindheit eine regelrechte Weihnachtsallergie entwickelt und wollen das Fest am liebsten gar nicht mehr feiern. Bei anderen findet sich das »Telefon«-Phänomen.

Krieg der Hefezöpfe

Nicht Medien oder Frauenzeitschriften diktierten zur Zeit unserer Vorfahrinnen, wie man sich zu verhalten habe, wenn man der Norm entsprechen wollte, sondern man bemühte sich, in der Familie und in der Gemeinschaft, in der man lebte, nicht negativ aufzufallen. Wir alle wissen, dass dies in vielen Ländern dieser Erde noch heute gilt. Einige Frauen waren zufrieden, wenn man sie für eine einigermaßen ordentliche Hausfrau hielt, andere setzten sich einem nahezu gnadenlosen

Konkurrenzkampf aus. Noch vor wenigen Jahrzehnten spiegelte sich dies in der Werbung wider, wo Frauen ihren Schrank öffneten und damit prahlten, dass die wie mit dem Lineal ausgerichteten Wäschestapel weißer seien als die der Nachbarin.

In dörflichen Gegenden war nicht nur unausgesprochen festgelegt, bis zu welchem Zeitpunkt samstags die Straße vor dem Haus gefegt sein musste. Auch das morgens im Fenster liegende Bettzeug, das täglich gelüftet werden musste, signalisierte der Nachbarin: Hier liegt niemand mehr faul im Bett, hier wird schon gearbeitet.

Eine Patientin erzählte mir einmal, in ihrem Dorf gebe es noch heute eine geheime Formel, die festlege, wie viele Kuchen welcher Art (Rührkuchen, Obstkuchen, Torten) eine Frau bei einem Geburtstagsfest auf den Tisch zu stellen habe. Selbstverständlich müssten sie alle selbst gebacken sein, und eine Torte aus dem Tiefkühlfach des Supermarkts mache eine Frau dort zum sozialen Outcast. Unwillkürlich drängte sich mir das Bild auf, dass dies wohl lange die Art der Frauen gewesen sei, erbitterte Kämpfe miteinander auszutragen, und dass sie sich, so wie die Männer in den Krieg zogen, untereinander sozusagen die Hefezöpfe um die Ohren schlugen. Ich fragte mich auch, wie viel an kreativem Potenzial der Frauen verloren gegangen war, solange sie sich dieser Art von Konkurrenz aussetzten.

Das Gleiche kenne ich in Bezug auf Hochzeiten. In manchen Kulturen wird die Geburt einer Tochter als großes Unglück angesehen, weil man ihr irgendwann eine Hochzeitsfeier wird ausrichten müssen, die das Zehnfache eines Jahresgehalts verzehrt, von der Mitgift ganz zu schweigen. Dort ist es noch schwer bis völlig unmöglich, aus dieser Tradition auszubrechen, sodass man lieber weibliche Föten zu Millionen abtreibt, als sich ihr zu widersetzen.

Bei uns hingegen ist es mittlerweile möglich, die Feier völlig individuell zu gestalten. Man kann – heute braucht man ja nicht einmal mehr Trauzeugen – in der Frühstückspause heiraten, anschließend wieder an den Arbeitsplatz zurückkehren und Brötchen verkaufen oder Blinddärme entfernen. Keinen juckt's. Ganz abgesehen davon, dass es auch keinen mehr interessiert, wenn man sich dafür entscheidet, unverheiratet zusammenzuleben.

Aber ich kenne auch Frauen, die sich den Tag, der eigentlich der schönste ihres Lebens hatte werden sollen (und der schon allein unter diesem Anspruch schier hätte zusammenbrechen müssen), dadurch verdarben, dass sie es als Katastrophe ansahen, wenn nicht jedes Detail der Inszenierung genau so funktionierte wie geplant. Zurzeit läuft im Fernsehen übrigens eine Serie, in der vier Bräute die Hochzeit der jeweils anderen streng bewerten und in verschiedenen Kategorien Punkte vergeben. Ich wollte es nur mal erwähnt haben.

Bestimmt hat auch das irgendwie mit Barbie zu tun. Schließlich war Barbies Brautkleid jedes Jahr der Höhepunkt der Kollektion. Man hat – Verzeihung, frau hat – diesen Tag also schon von klein auf Hunderte Male durchgespielt. Wenn die Frau begreift, dass es sich dann, wenn es wirklich so weit ist, um eine Fortsetzung dieses Spiels handelt, ist ja alles in Ordnung. Wenn sie das volle Programm durchziehen will, möglicherweise mit Wedding-Planner und allem, was dazugehört – dann soll sie es sich gönnen. Zumindest solange ihr das Spaß macht und sie auch damit leben kann, wenn nicht alles so klappt wie geplant.

Sie sollte nur nicht schon vor der Hochzeit mit dem künftigen Gemahl in Streit geraten, weil ihm die Frage, ob rosa Servietten oder doch besser ein sanftes Beige besser zur übrigen Tischdekoration passen, weniger schlaflose Nächte verursacht als ihr. Schließlich betritt er an diesem Tag eine fremde Welt. Zu der Zeit, als seine Zukünftige mit ihrer Barbie spielte, war er damit beschäftigt, sich von der Mama abzugrenzen. Von einer neuen, engen Beziehung zu einer Frau zu träumen, lag ihm damals relativ fern. Im Gegensatz zur Braut hat der Bräutigam also wenig unbewusste kindliche Erinnerungen, die mit Märchenhochzeiten verbunden sind. Es sei denn, dass er schon als kleiner Junge lieber Heiraten als Monster-Abschlachten gespielt hat, was äußerst unwahrscheinlich ist.

Also, Frauen, tobt euch an diesem Tag aus, wenn ihr wollt, aber erwartet von dem Mann nicht mehr, als dass er erscheint, Ja sagt und nett ist. Eigentlich ist das doch schon eine ganze Menge.

Vielleicht haben Sie aber auch ein superromantisches Exemplar erwischt, das einem Rosamunde-Pilcher-Film entsprungen scheint. Ich allerdings habe schon früh gelernt, gegenüber allzu romantischen Männern misstrauisch zu sein. Lange Zeit habe ich eine Freundin beneidet, die ein Talent dafür hatte, genau solche Männer anzuziehen. Was sie erlebte, schien immer rosaroten Mädchenträumen entsprungen zu sein. Häufig stand bei ihr der Fleurop-Mann vor der Tür und lieferte gigantische Rosensträuße ab. (Die Männer, mit denen ich ausging, schienen samt und sonders unter einer Blumenallergie zu leiden.) Darüber hinaus kauften ihre Verehrer ihr nicht nur kostbares Geschmeide, sondern ließen es eigens für sie anfertigen. (Ich musste mir meinen billigen Modeschmuck selbst kaufen.) Sie wurde in teuren Cabrios in europäische Metropolen entführt (während ich in damals noch verrauchten Kneipen Bier trank). Eine Zeit lang beneidete ich sie ein wenig um ihr zumindest in den Siebzigern so unstudentenmäßiges Glamourleben. Ich war noch jung, da ist man von dergleichen noch zu beeindrucken. Irgendwann fiel mir jedoch eins auf. Meine Männer tendierten alle irgendwie zur Treue. Ihre zum Gegenteil.

Es gab mal einen Schlager, in dem die Textzeilen vorkamen: *Ich bin verliebt in die Liebe. Und vielleicht auch in dich.* Ich begann zu ahnen, dass zumindest mancher Mann, der sein Verliebtsein so scheinbar perfekt inszeniert, in Wahrheit mehr darauf steht, sich selbst zu zeigen, was für ein supertoller Liebhaber er doch ist. Und dass er möglicherweise wenig Probleme damit hat, die Stelle der Geliebten in diesem Bild ab und zu neu zu besetzen.

Also, seien Sie nicht enttäuscht, wenn Sie einen erwischt haben, der nicht von sich aus auf die Idee kommt, mit Ihnen »Barbies Welt« nachzuspielen. Zuverlässigkeit und Treue sind etwas, das Sie in den kommenden Jahren mehr zu schätzen lernen werden als den Millionär, der Sie mit dem Privatjet zum Frühstücken nach Paris entführt und der, falls Sie absagen müssen, weil Sie mit vierzig Fieber im Bett liegen, einfach die Nächste auf seiner Telefonliste anruft.

So ganz sicher bin ich mir übrigens nicht, ob es diese Variante nicht auch in weiblich gibt. Wenn ich als Mann erleben müsste, dass meiner Zukünftigen die Tischdeko wichtiger ist als der Bräutigam, wäre ich davon wohl auch nicht allzu begeistert.

Um Männer, die nicht nur völlig unromantisch sind, sondern die sich lustig machen über alles, was nur nach Romantik *riecht*, sollte man andererseits aber – zumindest meiner Meinung nach – ebenfalls einen großen Bogen machen. Bei jemandem, der all das für »Weiberkram« hält, ist die Gefahr zu groß, dass Sie keinen Mann, sondern einen pubertierenden Spätjüngling erwischt haben, der nicht wirklich neugierig darauf ist, wie der andere Teil der Menschheit so tickt, sondern der noch völlig damit beschäftigt ist, nicht wie Mama zu sein.

Damit sind wir schon mittendrin in der Frage, was denn alles passieren oder auch schiefgehen kann, wenn Frauen auf Männer treffen und umgekehrt. Wir werden sehen, wie ungünstig es auch in diesen Beziehungen sein kann, wenn das, was wir unbewusst über das Mannsein, das Frausein oder auch nur über die Liebe gelernt haben, die Macht übernimmt.

KAPITEL 4

WENN WELTEN AUFEINANDERPRALLEN

Was uns anzieht

In diesem Teil wird es zunächst einmal weniger um die Geschlechtsrollen als um das Unbewusste gehen, das sich in unseren allerersten Beziehungen, also zu der Zeit, an die wir uns entweder gar nicht oder allenfalls nur sehr vage erinnern, schon eine sehr feste Meinung zum Thema Liebe und Geliebtwerden gebildet hat. Mit dieser Meinung ziehen wir dann hinaus in die Welt, um einen Lebens- oder auch nur Sexualpartner zu suchen. Oder um es bleiben zu lassen.

Vieles von dem, was uns dafür prädestiniert, auf diesem Weg die falschen Entscheidungen zu treffen, hat wieder mit den Bildern zu tun, die frühe Erfahrungen und medialer Unsinn durch Filme, Werbung, Zeitschriften und dergleichen uns eingepflanzt haben. Von Letzterem ist man, wenn es um die Partnerwahl geht, umso leichter zu beeinflussen, je jünger man ist. Bei der ersten Liebe spielt es noch eine riesengroße

Rolle, was andere dazu sagen, vor allem Freunde und Freundinnen. Die haben zwar im Vergleich mit den Eltern und anderen Erwachsenen null Lebenserfahrung, sind dafür in ihrem Urteil oft tausendmal strenger. Während man selbst höchstwahrscheinlich noch mit einem oder zwei Beinen in der Pubertät steckt, ist man natürlich schwer damit beschäftigt, sich einen akzeptablen Platz in der Gemeinschaft der Gleichaltrigen zu sichern und bloß nicht zum ausgestoßenen Freak zu werden.

Ob das erwählte Liebesobjekt die gleichen Interessen oder das gleiche Temperament besitzt wie man selbst, ist noch zweitrangig gegenüber der Frage, wie die Clique ihn findet. Ist er ein Junge, hat er vor allem süß, ist sie ein Mädchen, hat sie vor allem scharf zu sein. Am meisten Eindruck kann man mit denen schinden, die ebenfalls keine Außenseiter sind, die einem männlichen Teeniestar ähnlich sehen oder einer weiblichen Sexpuppe, denn Mädchen haben gerade erst die Phase des Star-Anhimmelns hinter sich gebracht und Jungs die ersten Sexerfahrungen (mit sich selbst).

Dieses Star-Anhimmeln scheint übrigens eine rein weibliche Angelegenheit zu sein. Offenbar handelt es sich um eine Art »Probelieben«. Man kann jemanden schon mal mit voller Wucht begehren, bis hin zu Träumen von Küssen und Hochzeit. Würde man die betroffenen Mädchen fragen, wie sie es fänden, wenn Justin Bieber oder Bill Kaulitz (oder wer auch immer gerade angesagt ist, wenn Sie dieses Buch lesen) sie tatsächlich beim nächsten Konzert in der ersten Reihe entdeckten, sie vom Manager diskret hinter die Bühne bitten ließen und ihnen dort gestehen würden, dass sie sich gerade unsterblich in sie verliebt hätten, bekäme man die Antwort, das sei die Erfüllung ihrer innigst gehegten Träume. Dass der unbewusste Teil ihrer Psyche (und zwar die Instinktabteilung) jedoch besser weiß, was gut für sie ist, als der bewusste, zeigt sich daran, dass sie sich zielgenau jemanden ausgesucht haben, bei dem nicht wirklich die Gefahr besteht, dass es zu einem Beziehungsangebot kommen könnte. Wären sie wirklich schon bereit zu einer Beziehung, hätten sie jemanden gewählt, bei dem die Chancen besser stehen, dass es tatsächlich dazu kommt.

Das sieht bei manchen Erwachsenen übrigens nicht viel anders aus. Wer sich in jemand Unerreichbaren verliebt, dessen Unbewusstes will wahrscheinlich doch lieber auf Nummer sicher gehen. Der bewusste Teil der Psyche gaukelt ihm vor, er sei doch verliebt und damit bereit für eine Beziehung, während das Unbewusste weiß, dass die Angst davor den Wunsch bei Weitem übersteigt.

Die Phase des pubertären Probeliebens erleben manche Mädchen auch mit der Freundin. Schon früher gab es diese Phase der Quasi-Verliebtheit in die beste Freundin, die nicht umsonst auch Busenfreundin genannt wurde, komplett mit Eifersuchtsdramen und allem Drum und Dran. Heute wird das Ganze möglichst öffentlich zelebriert, mit Fotos und Liebesschwüren an die BFF (»best friend forever«) in sozialen Netzwerken. Mädchen können sich das leisten. Bei vielen war Mama bisher die engste Bezugsperson, nun wird sie langsam von der besten Freundin abgelöst. Jungs können so enge Beziehungen nicht eingehen, denn die Angst, für homosexuell gehalten zu werden, ist bei ihnen, wie wir wissen, erheblich größer.

Wenn der Blick sich einige Jahre später wieder weitet und die Gleichaltrigen nicht mehr die allein ausschlaggebenden Meinungsmacher sind, wird alles wieder etwas entspannter. Man darf, nach der Uniformität der Pubertät, wieder wagen, ein Individuum zu sein, und zumindest versuchen herauszufinden, wer wirklich zu einem passt. Ab jetzt zählt der eigene Geschmack und nicht der der Kumpels oder Freundinnen.

Wer dieses Stadium nicht erreicht und in der Phase des pubertären Kumpel-Beeindruckens stecken geblieben ist, riskiert, sich damit ziemlich lächerlich zu machen. Der Promi, der – ungeachtet seines fortgeschrittenen Alters und der Tatsache, dass er bereits erwachsene Kinder hat – immer wieder zum gleichen Typ jugendlicher Gespielin greift und der jedes Mal wieder völlig erschüttert ist, dass er erneut enttäuscht wurde (was ja nur funktioniert, wenn man sich vorher *getäuscht* hat), der hat es schwer, unser Mitleid zu erregen. Wie Sisyphos in der griechischen Sage, der dazu verdammt ist, für alle Zeiten einen schweren Stein den Berg hinaufzuwuchten, der nach vollbrachter Tat stets wieder hinunterrollt, so scheint unserem Promi auferlegt, jedes Mal aufs Neue zu glauben, er habe dieses Mal die Liebe gefunden, nur um sie wieder zu verlieren. Wir schütteln den Kopf und fragen uns: Ist der so merkbefreit?

Ich staune immer wieder, wenn ich mitbekomme, dass Menschen mit den Innereien ihres Autos oder ihrer Hochglanz-Espressomaschine erheblich vertrauter sind als mit ihrem eigenen Seelenleben. Es ist schwer genug, mit sich selbst auszukommen, wenn einen beispielsweise jemand unerklärlicherweise zur Weißglut treibt, der andere Leute völlig kaltlässt, oder wenn man sich wochenlang am liebsten nur noch die Decke über den Kopf ziehen und nicht mehr die Wohnung verlassen möchte, und wenn man keine Ahnung hat, was die Ursachen dafür sind.

Treffen zwei Menschen aufeinander, die beide nicht wissen, warum sie sind, wie sie sind, potenzieren sich ihre Probleme.

Besonders zu Beginn einer Beziehung kommt möglicherweise noch hinzu, dass man glaubt, sein wahres Selbst so lange wie möglich vor dem anderen verbergen zu müssen. Vor allem, wenn man nicht mit sich im Reinen ist, sondern davon überzeugt, so wie man ist, könne einen doch niemand lieben. Eine Einstellung, die man, Sie ahnen es, unbewusst aus seinen allerfrühesten Bindungserfahrungen mitgenommen hat.

Gut, wenn das Lieblingshobby darin besteht, in der Kneipe mit den Kumpels Furzspielchen zu betreiben, dann tut man sicher gut daran, die Angebetete nicht gleich am allerersten Abend mit dieser Obsession vertraut zu machen. Andererseits macht es die Sache nicht besser, wenn sie es erst herausfindet, wenn man sie schon am Haken hat. Sie wird dann endlos herummotzen, und man wird nicht begreifen, warum sie diesen schönen Zeitvertreib nicht zu würdigen weiß.

Natürlich bemüht man sich auch in anderen Bereichen darum, dem potenziellen neuen Gefährten erst einmal die Schokoladenseite zu präsentieren. Vor geschätzten vierzig Jahren habe ich einmal in einer Frauenzeitschrift Tipps gelesen, wie man sich nach der ersten Nacht mit dem neuen Lover (vorausgesetzt, er hat keinen allzu leichten Schlaf) ins Badezimmer schleichen und mit nur geringem Aufwand den Eindruck erwecken kann, man sei ungeschminkt, während man in Wahrheit ein leichtes, raffiniertes Make-up trägt. Ich erinnere mich noch, dass eine gründliche Zahnreinigung empfohlen wurde, wogegen nichts einzuwenden ist, allerdings auch eine getönte Tagescreme, Wimperntusche und ein farbloser Lipgloss. Ich muss gestehen, dass ich die Tipps damals noch recht interessant fand. Mittlerweile finde ich sie eher traurig. Warum sollte ich liebenswerter sein, wenn ich nicht ich selbst bin? Und warum sollte eine Beziehung mit jemandem funktionieren, dem ich zutraue, mein unechtes Selbst interessanter zu finden als das, was mir vor ein paar Minuten noch im Spiegel entgegenblickte?

Egal, ob in einer Partnerschaft, einer Freundschaft oder auch nur der Mitgliedschaft in einer neuen Gruppe: Viele Menschen glauben, sie könnten sich den anderen sozusagen erst einmal von außen anschauen, um entscheiden zu können, ob man eventuell zueinanderpasst, ohne aber etwas von sich selbst preisgeben zu müssen. Früher, als die Frauen noch ins Haus und die Männer in die Welt draußen gehörten, war das Kennenlernen eine ganz und gar einseitige Geschichte. Der Mann präsentierte sich – nicht nur der Frau, sondern in erster Linie ihren Eltern – mit allem, womit er beweisen konnte, dass er imstande war, einem Weibchen ein anständiges Nest für sie und den Nachwuchs bieten zu können. Frauen ließen sich umwerben und hielten sich ansonsten tunlichst zurück, es sei denn, um das zu präsentieren, was man damals für weibliche Tugenden hielt. Heute wäre es möglich, sich mit allen seinen Facetten zu zeigen, um dem anderen zu ermöglichen, die Entscheidung zu treffen, ob man es miteinander versuchen kann oder ob man nur Zeit verschwendet – aber wie soll das gehen, wenn man sich selbst nicht kennt?

Gebrauchsanweisungen

Es erleichtert das Zusammenleben ganz beträchtlich, wenn man weiß, warum man ist, wie man ist, was einen geprägt hat, was die spezifischen Ängste sind und worauf man besonders allergisch reagiert. Das ermöglicht es, im Kontakt mit Menschen, die man nicht nur oberflächlich kennenlernt, Gebrauchsanweisungen zu definieren, die den Umgang miteinander einfacher machen.

Wenn Sie beispielsweise eine Mutter hatten, die gern mit Liebesentzug strafte, wenn ihr etwas nicht passte, und die dann tagelang kein Wort mit Ihnen sprach, wie sehr Sie sich auch bemühten, dann werden Sie wahrscheinlich eher heftig auf einen Partner reagieren, der sich nach einem Streit zurückzieht. Wenn Ihnen die Ursachen Ihrer Reaktion nicht bewusst sind, kann sich das äußerst ungut verhaken. Ihr Partner, der sich zurückzieht (aus welchen Gründen auch immer), begreift absolut nicht, warum Sie ihm vorwerfen, mit unfairen Mitteln zu arbeiten. Sie hingegen erleben das gleiche Gefühl des Ausgeliefertseins wie früher, ohne jemals zu hinterfragen, woher es *wirklich* kommt.

Sind Sie mit sich selbst und Ihren Lebensthemen dagegen vertrauter, ist eine solche Situation unter Umständen sehr viel besser auszuhalten, weil Altes und Aktuelles auseinandergehalten werden können.

Wenn in Ihrer Gebrauchsanweisung steht: *Meine Mutter hat oft tagelang nicht mit mir gesprochen, und mich macht es wahnsinnig, wenn jemand das tut,* dann kann ihr Partner viel besser verstehen, was sein Rückzug auslöst.

Seine Gebrauchsanweisung hingegen lautet möglicherweise: *Bei uns war das ganz anders, bei uns wurde eher viel gestritten. Ich brauche nach einer Auseinandersetzung erst einmal die Möglichkeit, mich zurückzuziehen, meine Wunden zu lecken und in Ruhe zu sortieren, was eigentlich passiert ist.*

Schauen wir uns wieder an einem Beispiel aus dem therapeutischen Alltag an, was beispielsweise passieren kann, wenn einem die frühen Erlebnisse in die Partnerschaft hineinpfuschen, und wie es sich in einer Beziehung auswirken kann, wenn das Unbewusste sich meldet.

Es handelt sich um eine junge Frau Ende zwanzig. Sie hat einen Beruf, in dem sie sich wohlfühlt, und eine hübsche Wohnung. Sie sehnt sich nach einer stabilen, funktionierenden Partnerschaft, aber alle ihre Beziehungen gingen nach relativ kurzer Zeit in die Brüche. Die Patientin hat auch schon eine Ahnung, womit das zusammenhängen könnte. Sie klammert wohl zu sehr und treibt die Männer damit in die Flucht. Sie mag ihr Verhalten selbst nicht, aber es gelingt ihr einfach nicht, es in den Griff zu bekommen.

Zurzeit hat sie gerade wieder eine relativ frische Beziehung, und dieses Mal ist einfach alles perfekt. Der Mann ist solider und zuverlässiger als viele seiner Vorgänger, und eigentlich braucht sie gar keine Angst zu haben, dass er sie wieder verlässt. Das völlig Verrückte, meint sie, ist aber: Bei ihm hat sie das Bedürfnis, mehr zu klammern als je zuvor.

Mit den Vorgängern ist sie nicht unbedingt glücklich gewesen, es hat häufig Streit gegeben, aber sie hat sich trotzdem halbwegs normal fühlen können. Nun ist ihr Mr. Right über den Weg gelaufen. Er ist liebevoll, zuverlässig – und er versorgt sie emotional mit allem, was sie sich jemals gewünscht hat. Im Kino wäre jetzt alles gut.

Aber obwohl der neue Partner keinen Zweifel an seiner Liebe aufkommen lässt, wird die Patientin beinahe verrückt vor Angst, ihn zu verlieren. Mehrmals am Tag ruft sie ihn auf der Arbeit an, und wehe, seine Stimme klingt auch nur im Mindesten genervt oder angespannt (weil er vielleicht gerade in einem Meeting ist oder sein Chef neben ihm steht). Dann gerät sie sofort in Panik. Dabei weiß die Patientin eigentlich, dass kein Grund zur Sorge besteht. So zerrissen zu sein zwischen der Realität und dem, was in ihrem Inneren tobt, treibt sie fast in den Wahnsinn. Hinzu kommt die Angst, genau mit diesem Verhalten den Partner aus dem Haus zu treiben. »Das kann doch keiner aushalten«, meint sie. Der Partner zeigt zwar keinerlei Fluchttendenzen, aber doch deutliche Anzeichen von Verunsicherung. Er ist völlig ratlos, kann nicht begreifen, warum sie ständig an ihm zweifelt und fragt seine Freundin immer wieder, was er denn noch tun kann, um ihr mehr Sicherheit zu geben.

Jeder, der an dieser Stelle immer noch sagt: *Man kann sich seine Probleme aber auch selber machen*, schlage bitte das Buch zu und verlasse leise den Raum. Wenn ein Mensch leidet, gibt es dafür immer einen Grund. Man muss sich nur die Mühe machen, danach zu graben. Manchmal muss man tief buddeln, bis man auf die richtigen Schichten stößt. Je heftiger Gefühle sind, desto wahrscheinlicher ist es, dass sie sehr alte Wurzeln haben. Aber das wissen Sie ja mittlerweile schon.

Wenn etwas unerledigt ist, neigt es dazu, sich immer wieder vor uns aufzubauen und auf sich aufmerksam zu machen.

Manchmal zu Unrecht. Wenn man in der ersten Nacht am Urlaubsort plötzlich senkrecht im Bett sitzt und denkt: »O nein! Ich glaube, ich habe vergessen, daheim das Bügeleisen auszumachen!«, liegt man meistens daneben. Wenn man nachts aufwacht und einem siedend heiß einfällt, dass man vergessen hat, den Brief an Moneyprompt International rauszuschicken, entspricht das meistens der Realität. Dieser Hinweis ist also eine vernünftige Sache, denn vielleicht kann man die Angelegenheit noch geradebiegen, bevor der Chef etwas mitkriegt.

In den Tiefen unserer Psyche sieht es nicht anders aus. Nur meldet sich da Unerledigtes meist in einer Fremdsprache. Wir entdecken Seiten von uns, die uns entweder völlig fremd sind oder die wir ablehnen. Oder die wir sogar ziemlich verrückt finden.

Was in dieser Patientin aktiviert worden war, war die Erinnerung daran, wie wenig man sich auf die Menschen verlassen kann, die einem am nächsten stehen und die man am meisten braucht. *Je enger eine Beziehung ist, desto mehr werde ich enttäuscht,* war eine Verknüpfung, die sich ganz früh in den unbewussten Teil des Gedächtnisses der Patientin eingegraben hatte.

Die Mutter dieser Patientin hatte wenig Gespür für die Bedürfnisse ihrer Tochter. Auf den Fotos, die die Patientin aus ihrer Kleinkinderzeit mitbringt, schaut ihre Mutter durchgängig starr in die Ferne. Auf keinem Bild hat sie Körperkontakt mit dem Kind, das herzzerreißend verloren und unglücklich wirkt. Die Patientin berichtet, ihre Mutter sei, nach allem, was sie später vom Vater gehört habe, wohl depressiv und komplett überfordert gewesen.

Vor allem Menschen ohne eine sichere Bindung in den ersten Lebensjahren kommen mit einem Happy End oft gar nicht gut zurecht. Sie wissen es nicht einzuordnen, denn es widerspricht ihren grundlegendsten Erfahrungen. Solange sie mit einem Partner zusammen waren, der sie immer wieder enttäuschte, ging es noch so einigermaßen. Zumindest passte es zu dem, wie sie die Welt kennengelernt hatten. Sie waren unglücklich, aber sie fühlten sich wenigstens nicht verrückt, denn innere und äußere Realität, Bewusstes und Unbewusstes passten zusammen. Erst als sie fanden, wonach sie immer gesucht hatten, meldeten sich die alten Gespenster.

In dem geschilderten Fall habe ich ein Gespräch zu dritt anberaumt. Teilnehmer: Patientin, Partner und ich. Oft reicht selbst in einer so verfahrenen Situation eine einzige Sitzung aus, um dem Partner klarzumachen, dass alte Geister die Macht übernommen haben. Das kann beide stark entlasten und gelassener machen, zumindest so lange, bis die Patientin in einer Psychotherapie gelernt hat, schädliche Verknüpfungen aufzulösen und Altes und Neues voneinander zu trennen.

Von Spätzündern und Nesthockern

Wir alle wissen, dass es keine der leichteren Lebensaufgaben ist, den oder die Richtige zu finden. Dennoch macht es uns misstrauisch, wenn jemand auch in fortgeschrittenem Alter (so ab dreißig wird es kritisch) noch nie eine Beziehung hatte, die länger als ein paar Wochen dauerte, und stets behauptet, den oder die Richtige noch nicht gefunden zu haben. Manchmal klingt das nach Ausrede, wenn es etwa darum geht, ein zumindest in der eigenen Familie immer noch verpöntes Schwulsein zu kaschieren.

Einige meiner Patienten erzählten mir, schon in ihrer Jugend sei es ihnen unverständlich gewesen, warum die Freunde oder Freundinnen plötzlich anfingen, sich eigenartig zu verhalten, sprich, sich in Paarungsausgangsposition zu bringen. Die Freundin, mit der man eben noch auf dem Schulhof in ein spannendes Gespräch vertieft war, schaut plötzlich starr an einem vorbei, verzieht die Gesichtszüge in eine unnatürliche Form und zischt, sobald man sich umdrehen und herausfinden möchte, was in aller Welt diese eigenartige Verwandlung bewirkt hat: »Nicht hinschauen!« Oder der Kumpel, für den Mädchen vor Kurzem noch schlicht und einfach unsichtbar waren, fängt nun, sobald eines dieser Wesen vorbeikommt, auf einmal an, zu einem lauten und ordinären Rüpel zu mutieren.

Möglicherweise hielten die, die diesen eigenartigen Balzritualen nichts abgewinnen konnten, sich damals noch für Spätentwickler, bis sie irgendwann feststellten, dass der Zug für sie offenbar abgefahren und die diesbezügliche Entwicklung nie in die Gänge gekommen war.

Mittlerweile bezeichnen sich manche Menschen, bei denen auch später nie der Wunsch nach derart albernem Benehmen auftauchte, als *asexuell*. Man schätzt, dass etwa ein Prozent der Bevölkerung keinerlei Interesse an Sexualität oder auch nur an Umarmungen und Zärtlichkeiten hat. Auch diese Menschen gehen mitunter Beziehungen ein. Doch ist es begreiflicherweise für sie nicht einfach, jemanden zu finden, der ebenfalls kein Problem damit hat, auf Dauer auf all das zu verzichten. Es gibt Foren im Internet, in denen die Betroffenen sich darüber austauschen, wie es ist, in einer Welt zu leben, in der man davon ausgeht, dass alle Menschen Spaß an Sex haben und dass auch in Partnerschaften zumindest gelegentlich Sex stattfindet. Noch ist man sich – auch in den einschlägigen Foren – nicht einig darüber, was dazu führt, dass manche Menschen einfach kein Interesse daran haben.

Ich kann Ihnen lediglich erzählen, was ich diesbezüglich bei den Patienten beobachtet habe, die auch in ihrer Lebensmitte noch nie eine längere Beziehung gehabt hatten.

Einige von ihnen hatten durchaus freundliche Mütter, zu denen noch immer eine gute, wenn auch nicht besonders enge Beziehung bestand. Auffallend war, dass keiner dieser Patienten sich daran erinnern konnte, je mit der Mutter geschmust oder auf ihrem Schoß gesessen zu haben. Diese Patienten waren beruflich erfolgreich, sie hatten Hobbys, sie hatten Freunde – aber sie hatten nie gelernt, wie es sich anfühlt, einem anderen Menschen körperlich nahe zu sein. Wer auf Mutters oder Großmutters Schoß sitzt und gezeigt bekommt, wie welcher Finger heißt und dass es kitzelt, wenn man damit zart auf die Nasenspitze tippt, der lernt, dass Körper etwas Spannendes sind, sowohl der eigene wie auch der eines anderen Menschen. Nach der Pubertät kann man dieser Erkenntnis dann noch ein paar nette zusätzliche Aspekte hinzufügen. Aber das funktioniert nur, wenn die frühen Grundlagen dafür gelegt worden sind.

In diesem Zusammenhang möchte ich allerdings noch einmal daran erinnern, dass es in der Wissenschaft ja nicht so einfach ist, die richtigen Zusammenhänge herzustellen. Und schon gar nicht kann man Wirkung und mögliche Ursache einfach umkehren. Jemand, der sich nicht daran erinnern kann, in der Kindheit mit Eltern oder Großeltern geschmust und gekuschelt zu haben, wird deshalb natürlich nicht automatisch asexuell. Mangelnder Körperkontakt in der Frühzeit des Lebens kann Asexualität zur Folge haben, aber er kann – wie wir später noch sehen werden – auch völlig andere Probleme nach sich ziehen.

Neben den Menschen, die sich ihre Partnerlosigkeit damit erklären, dass sie den oder die Richtige noch nicht gefunden hätten, gibt es diejenigen, die einer vergangenen Beziehung ewig nachtrauern, ohne je eine neue einzugehen. Ich hatte einige Patienten, deren Eltern noch der Kriegsgeneration entstammten, und die beispielsweise von Tanten erzählten, deren Verlobter im Krieg gefallen sei. Diese Tanten waren hochbetagt gestorben, ohne je eine neue Bindung anzustreben, weil sie ihr Leben lang ihrer ersten Liebe nachgetrauert hatten. Das mag für einen zu Herzen gehenden Roman taugen; ich bin allerdings in solchen Fällen skeptisch, ob die Ursache für das lebenslange Alleinbleiben wirklich eine Liebe war, die so groß ist, dass nichts sich damit messen konnte. Wahrscheinlicher erscheint mir, dass die Beziehung samt Alltag noch gar nicht gelebt worden und stattdessen so idealisiert worden war, dass dies als gute Ausrede dafür herhalten konnte, dass man in Wahrheit nie übermäßig bindungswillig war. Der Wunsch, eine Beziehung einzugehen, beruht – neben dem nach Sexualität – doch darauf, nicht allein zu sein, jemanden zu haben, mit dem man nicht nur Freud und Leid, sondern auch die Banalitäten des Alltags teilen kann. Da ist zumindest der Pragmatiker dann schon bereit, dafür auch Kompromisse einzugehen.

Wobei man es damit natürlich keinesfalls übertreiben sollte. Es ist nicht schön, einsam zu sein, aber wer überhaupt nicht imstande ist, allein zu sein, ist meist auch kein guter Beziehungspartner. Ich hielte es für keine dumme Idee, wenn alle Menschen, egal ob Mann oder Frau, zumindest ein Jahr allein und selbstständig gelebt hätten, bevor sie eine feste Bindung eingehen. Und mit selbstständig meine ich nicht, in einer abgeschlossenen kleinen Wohnung unter dem Dach des elterlichen Hauses.

Erst das ermöglicht die Entscheidung, aus freien Stücken und weil die gemeinsame Basis reicht, mit dem Partner zusammenzubleiben. Und nicht, weil man im Grund noch ein Kind ist, das allein nicht lebensfähig und auf der Suche nach einem neuen Papa oder einer neuen Mama ist. Tatsächlich habe ich öfter erlebt – durchaus nicht nur bei Patienten –, dass ein Paar sich völlig auseinandergelebt hatte, die Frau schon ewig an Trennung dachte, sich jedoch nicht traute mit Argumenten wie: »Ich kann mich nicht trennen, ich wäre doch völlig hilflos, wenn mal die Heizung kaputt ist« oder »Ich kann mich nicht trennen, ich habe so große Angst vor Spinnen, und er muss doch jeden Abend gucken, ob irgendwo eine sitzt und sie diskret entfernen«.

Natürlich gibt es sicher auch Abnehmer für jemanden, der an seinen Partner nicht durch freie Entscheidung, sondern durch seine Ängste gebunden ist. Aber in der Regel finden wir – zumindest in unserer Kultur – jemanden sexy, der bewiesen hat, dass er es gut alleine packt, und der sich dennoch für uns entscheidet. Nicht, weil er ein Ersatzelternteil braucht, sondern weil er uns toll findet und meint, wir passen gut zusammen.

Früher waren in der Regel die Männer diejenigen, die sich schon mal den Wind um die Nase hatten wehen lassen, die mehr von fremden Gegenden und von fremden Betten gesehen hatten. Heute ist auch das nicht mehr selbstverständlich, und so kommt es vor, dass eine mitten im Leben stehende, beruflich erfolgreiche Frau sich – warum auch immer – in jemanden verliebt, der noch zu Hause bei den Eltern entweder im Souterrain oder im ausgebauten Dachgeschoss lebt.

Weil diese Emotion in unserem Unbewussten ja so stark mit unserer allerersten Babyzeit verbunden ist, als wir noch ganz und gar von einem anderen Menschen abhängig waren, wirkt sie wie ein starker Kleber. Das macht es nicht einfach, wieder voneinander loszukommen, seien die leise anklopfenden Gegenargumente noch so hartnäckig. So dauert es denn auch immer einige Zeit, bis die Frauen feststellen, dass aus dieser Beziehung auf Dauer nichts werden kann. Der Grund dafür ist, dass ein Mann, der mit über dreißig noch unter dem elterlichen Dach lebt, einfach nach Kind und nicht nach Erwachsenem riecht.

Für eine Frau, die auch noch nicht von zu Hause weggekommen ist, mag das akzeptabel sein. Dass er jeden Abend bei den Eltern hockt, dass seine Mutter zum Putzen kommt, dass er keine eigene Waschmaschine hat – das alles wird sie völlig normal finden, weil es bei ihr auch nicht viel anders aussieht. Wahrscheinlich wird sie keinerlei Schwierigkeiten mit der

Eingliederung haben. Bisher hat sie jeden Abend bei ihren Eltern verbracht, er jeden Abend bei seinen – in Zukunft hocken beide halt abwechselnd mal da, mal da. Kein Konflikt, kein Problem. Und wenn sich dann auch noch die Eltern verstehen und nicht miteinander konkurrieren, wer wann wo mehr Zeit verbringt, hat man die besten Voraussetzungen für eine schöne, kuschelige Großfamilie.

Bei einer Frau, die seit Längerem ihre Abende außerhalb der Kernfamilie verbringt, ist da eine Integration praktisch ausgeschlossen. Es sei denn, sie hat ein Defizit an familiärer Zuwendung und findet es schön, etwas nachholen zu können, was sie bisher nicht hatte.

Und es hat Zoom gemacht

Auch wenn es in dem bekannten Lied um ein Paar geht, das sich erst nach langer gemeinsamer Bekanntschaft ineinander verliebt – Liebe auf den ersten Blick gilt vielen Menschen noch immer als etwas Besonderes, und wenn jemand berichtet, er habe sie erlebt, tut er das häufig mit einem gewissen Stolz. Psychotherapeuten sind davon meist gar nicht so begeistert. Liebe auf den ersten Blick bedeutet zumindest im eigentlichen Wortsinn, dass man sich an jemanden binden möchte, von dem man nicht das Mindeste weiß und nichts kennt bis auf sein Aussehen und seinen Gesichtsausdruck, eventuell ein Lächeln oder einen Blick. Mitunter braucht es nicht einmal das. Ich habe schon von Fällen gehört, in denen es zu erhöhtem Interesse an einem Mann kam, bevor man ihn auch nur gesehen hatte, schlicht und einfach durch die Aussage der besten Freundin: »Da kommt der Uwe, pass nur auf, der macht alle Frauen unglücklich.«

Es ist nicht wirklich zu begreifen, warum ausgerechnet eine solch gut gemeinte Warnung dazu führt, dass man alle Vorsicht fahren lässt und die Liebesantennen auf Empfang stellt. Nein, logisch ist das nicht. Aber *psycho*logisch, also der Logik der Psyche folgend. Eine Warnung führt normalerweise dazu, dass wir in Alarmbereitschaft sind, dass unsere Sinne geschärft sind und dass das Herz schneller schlägt. Wir werden später noch sehen, dass genau das dazu führen kann, dass wir diese Körpersignale ganz gepflegt missdeuten und dass unser Unbewusstes aufgrund seiner gespeicherten Informationen auf die blöde Idee kommt, zu meinen: *Oh, da kommt einer, der sofort meine ganze Aufmerksamkeit hat und der mein Herz zum Klopfen bringt! Den sehe ich mir doch mal ein bisschen genauer an!*

Da der Verstand bei Weitem noch nicht genug Informationen beisammen hat, um eine vernünftige Entscheidung zu treffen, muss das, was uns zum Objekt unserer Begierde zieht wie die Wespe zum Pflaumenkuchen, tatsächlich aus dem Unbewussten stammen, und sich somit unserer bewussten Kontrolle entziehen. In diesem Fall braucht dann nur noch ein Vater dazuzukommen, der bekannt dafür war, dass er alle Frauen unglücklich machte und nach dessen Liebe man sich immer gesehnt hat – und schon hat man den schönsten Kladderadatsch. Irgendwann fragt man sich dann verzweifelt, warum um alles in der Welt man ausgerechnet auf Uwe hereingefallen ist.

Ich versuche bei Patienten, die in einer problematischen Beziehung leben, oft herauszufinden, in was genau sie sich bei ihrem Partner ursprünglich einmal verliebt haben. Sehr häufig stellt sich heraus, dass es sich um etwas handelte, das sich vertraut anfühlte, weil sie es aus ihren allerersten Beziehungen kannten. Oder sie waren von einer Eigenschaft fasziniert, die sie bei sich selbst vermissten.

Zunächst klingt es eigentlich ganz sinnvoll, sich jemanden zu suchen, der das hat, was einem selbst fehlt. Würde man bei der Gründung einer Firma ja auch so machen. Der eine hat die Idee, der andere das Geld. In der Partnerschaft ist einer vielleicht etwas unvernünftiger, aber mutiger, der andere geht keine unnötigen Risiken ein, kommt aber auch zu nichts, weil er sich nichts traut. Eine solche Wahl nach dem Ergänzungsprinzip hätte darüber hinaus noch den Nebeneffekt, dass möglicherweise die gemeinsame Nachkommenschaft beziehungsweise die gemeinsame Firma mit beidem ausgestattet sein wird und dadurch vielleicht eher imstande, ein völlig neuartiges Produkt auf den Markt zu werfen.

Das Risiko bei der Partnerwahl nach dem Ergänzungsprinzip ist allerdings, dass gerade das, was man spontan so faszinierend fand, sich irgendwann gegen einen wendet. Der Große, Starke setzt vielleicht seine körperliche Kraft in einem Streit ein, der Witzige verletzt mit seinen Bemerkungen. Ganz zu schweigen davon, dass man nach zwanzig Jahren unter Umständen völlig vergessen hat, dass man sich ursprünglich deshalb mit jemandem gepaart hat, *weil* er so anders ist als man selbst.

Jetzt verbringt man den Rest des gemeinsamen Lebens damit, dem Partner jeden Tag vorzuwerfen, *dass* er so anders ist als man selbst.

Ob man sich darauf verlassen kann, dass die Gründe, aus denen man sich verliebt hat, einen in den Beziehungshimmel oder in die Beziehungshölle führen, hängt wieder damit zusammen, ob auch die frühesten Erfahrungen eher Himmel oder eher Hölle waren. Liebe auf den ersten Blick bedeutet nichts anderes als die Tatsache, dass das Unbewusste komplett die Kontrolle übernommen hat und dass das, was wir Verstand nennen, ausgeknockt in der Ecke liegt. Wenn man sich auf die Erfahrungen, die das Unbewusste gesammelt hat, verlassen kann, sprich, wenn vor allem die frühen Bindungserfahrungen positiv waren, dann kann das funktionieren. Waren sie nicht gut, ist die sogenannte Liebe auf den ersten Blick oft der Beginn einer Lebensphase, die als Traum beginnt und als Albtraum endet.

Wer kein liebevolles Elternhaus erlebt hat, wird oft nicht über das notwendige Gespür für den richtigen, den liebevollen Partner verfügen. Wenn Sie sich als Kind hingegen sicher und geborgen fühlen konnten, können Sie sich auf Ihre diesbezüglichen Instinkte wahrscheinlich sehr viel besser verlassen. Sie wissen, wie es sich anfühlt, wenn jemand freundlich ist, und Ihre »Liebe auf den ersten Blick« hat Sie vielleicht zielsicher zu jemandem geführt, der nicht nur gut zu Ihnen passt und Sie gut behandelt, sondern der sich auch nahtlos in Ihre Familie einfügen wird. Schon früh haben Sie einen Maßstab erworben, der Sie wie ein Navi genau dahin führt, wo es Ihnen auch weiterhin so gut gehen wird, wie Sie es gewohnt sind.

Waren Ihre Erfahrungen nicht so gut, besteht eine relativ große Gefahr, dass der eingebaute Liebesnavi Sie direkt auf den Abgrund zurasen lässt. Das ermöglicht auch zu begreifen, warum man auf manche Menschen des bevorzugten Geschlechts fliegt und auf andere nicht und warum das bedeuten kann, mit schöner Regelmäßigkeit ins Klo zu greifen oder zumindest, warum die Suche nach dem Prinzen jedes Mal im Froschtümpel endet.

Nicht, dass besonders nette Eltern grundsätzlich davor schützen, bei der Partnersuche Probleme zu bekommen. Ich habe einige Menschen kennengelernt, die ihre Probleme, einen passenden Partner zu finden, darauf schoben, ihre Eltern hätten eine so absolut wunderbare, harmonische Beziehung, dass sie alles daran messen würden und deshalb bisher mit jedem Aspiranten früher oder später unzufrieden gewesen seien. Eine Zeit lang hielt ich das für eine einigermaßen ausreichende Begründung. Mittlerweile bin ich auch da skeptisch geworden. Weil es daheim immer so toll geschmeckt hat und weil niemand so gut kochen kann wie meine Mutter, hungere ich jetzt lieber, statt mich mit dem Essen zufriedenzugeben, das es anderswo gibt? Nee, wirklich überzeugen kann das nicht.

Da glaube ich doch lieber den Familientherapeuten, die der Meinung sind, allzu perfekte Eltern seien eine Katastrophe für Kinder. In einer so »perfekten« Familie ist es wohl schwer, sich in der Pubertät angemessen abzugrenzen und zu beginnen, eigene Wege zu gehen, was eigentlich die Entwicklungsaufgabe des Jugendlichen in dieser Zeit wäre. Denn wenn alles so supertoll ist – was gibt es da zu meckern? Und wenn es nichts zu meckern gibt und draußen nichts an das heranreicht, was man zu Hause erlebt – dann gibt es auch keinen Grund, irgendwann hinauszuziehen in die Welt, um sich ein eigenes Leben aufzubauen. Aber da es mit dem Bild dieser wunderbaren Eltern nicht zu vereinbaren ist, dass gerade ihre scheinbare Perfektheit einen daran gehindert hat, wirklich erwachsen zu werden, entwickelt man stattdessen die Erklärung, man habe eben zu hohe Ansprüche.

Schauen wir mal, wie das, was Sie früh gelernt haben, auch auf andere Weise dazu führen kann, falsche Ansprüche zu entwickeln und sich in Liebesdingen eher für eine Laufbahn als Sisyphos, denn für ein zufriedenes Leben zu entscheiden.

Jeder kennt den Typ Mann, der eine Seele von Mensch ist, eher unauffällig, aber immer zuverlässig da, wenn man ihn braucht. Die Sorte Mann, die sich nur gelegentlich darüber beschwert, dass er für alle Frauen nur der gute Kumpel ist, bei dem sie sich ausheulen, bis sie sich dann gestärkt wieder ins Vergnügen stürzen, um sich zielstrebig den nächsten Typen zu angeln, der sie unglücklich machen kann.

Es gibt das Vorurteil, häufig von Männern geäußert, aber durchaus auch von Frauen genährt, Frauen stünden auf Machos und hätten für Softies nur Verachtung übrig. Für die Männer und Frauen, die mitten unter uns und dennoch in einer Welt leben, in der man riesengroßen Wert darauf legt, dass die Geschlechter sich deutlich unterscheiden, und in der man noch einige Unterscheidungskriterien dazudichten muss, weil die real existierenden nicht ausreichen, mag das zutreffen. Wer es braucht, alle Verhaltensweisen grundsätzlich danach einzuordnen, ob sie typisch männlich oder typisch weiblich sind, besteht sicher auch darauf, dass Frauen kurze Röcke, High Heels und lange Haare zu tragen haben und Männer cool sein und Oberarme wie Medizinbälle haben müssen.

Mitunter haben die Frauen allerdings auch nicht ganz unrecht, wenn sie zumindest keine sexuelle Beziehung mit den Männern eingehen wollen, die immer verständnisvoll sind, die alles verzeihen, die sie mit Liebe überhäufen und nie das Geringste an ihnen auszusetzen haben. Oft können die Frauen das gar nicht glauben und testen, wie weit sie gehen können. Sie beginnen, sich aufzuführen wie pubertierende Jugendliche, suchen nach den Grenzen des Partners und treffen auf – nichts. Irgendwann geben sie frustriert auf und wenden sich einem Mann zu, der das Gegenteil verspricht. Allerdings klappt es mit dem auch nicht, und schließlich werden sie – hoffentlich – mit einem Kompromissmann glücklich.

Das Ganze ist nicht unbedingt geschlechtsspezifisch. Natürlich gibt es genauso die Frau, die alles versteht, alles verzeiht und sich wundert, wenn der Mann immer bösartiger wird und sich irgendwann eine sucht, die sich nicht so viel gefallen lässt. Untersuchungen haben gezeigt, dass eine Beziehung nicht besser wird, wenn ein Partner alles schluckt und sich alles gefallen lässt. Im Gegenteil. Im Laufe der Jahre wird sie immer schlechter.

Ursache ist meist ein Liebesdefizit in der Geschichte des unendlich Geduldigen. Dieses führt dazu, dass er sich so sehr wünscht, endlich jemanden zu haben, dem er sich zugehörig fühlen kann, der immer bei ihm bleibt, dass er (oder sie) bereit ist, alles dafür zu tun. Allesallesalles.

Der andere jedoch nimmt irgendwann – unbewusst, ist ja klar – wahr, dass der, von dem man gehofft hatte, er werde aufrecht und gleichberechtigt mit einem durchs Leben gehen, einen vielleicht auch einmal stützen, wenn es nötig ist, in

Wahrheit keinen Partner sucht, sondern eine Mama. Natürlich verliert so jemand seine Attraktivität. Man möchte einen Partner haben, der zumindest schon einmal die Trotzphase hinter sich gebracht hat, der imstande ist, auch einmal mit dem Fuß aufzustampfen und Nein zu sagen anstatt immer wieder nur: *Ja. Hauptsache, du gehst nicht weg.*

Allerdings gibt es auch die netten Männer, die durchaus standfest und erwachsen sind und die dennoch verschmäht werden. Weil die Frauen, die zu ihnen passen würden, gerade mal wieder damit beschäftigt sind, sich unglücklich zu machen.

Diese Frauen wiederum sind die, die sich beschweren, immer wieder an die Falschen zu geraten. Es ist ja schon etwas schwer zu verstehen, warum jemand deshalb keinen Partner findet, weil bei seinen Eltern alles in Ordnung war. Fast noch schwerer ist es zu begreifen, warum jemand, der eingesehen hat, dass er von echten Katastropheneltern aufgezogen wurde, mit absoluter Zielgenauigkeit auch einen Katastrophenpartner sucht und findet, und zwar nicht nur einmal, sondern gleich in Serie.

Das bedeutet nicht nur, dass man sich für die Falschen entscheidet, sondern auch, dass man die Richtigen übersieht. Selbst bei oberflächlicher Befragung stellt sich rasch heraus, dass es sich dabei weder um ungünstige Sternenkonstellationen noch um einen vor langer Zeit über die weibliche Linie der Familie verhängten Fluch handelt, sondern schlicht und einfach darum, dass die Unglück verheißenden Männer gezielt aufgesucht werden. Wenn man fragt, ob es denn keine netten Männer im Leben dieser Frauen gebe, bekommt man

Antworten wie »Nett ist der kleine Bruder von scheiße«. Gut, einigen wir uns auf »Nett ist der kleine Bruder von langweilig«, denn das ist normalerweise damit gemeint. Oder, anders ausgedrückt: Es erregt mich sexuell nicht, wenn ein Mann mich gut behandelt. Nichts gegen sexuelle Spielarten, solange andere Menschen damit nicht behelligt werden. Wie soft oder wie rau es im Schlafzimmer oder anderen für den Sex bevorzugten Plätzen eines Paares zugeht, interessiert mich normalerweise wenig. Aber wir reden hier nicht von Sex – zumindest im Augenblick nicht –, sondern von den Pausen dazwischen, die dazu tendieren, im Verlauf einer Partnerschaft immer länger zu werden. Und da ist es nicht wirklich begreifbar, warum man sich bevorzugt von jemandem angezogen fühlt, der das große »A…« praktisch schon in Leuchtschrift auf der Stirn trägt.

Jeder, der nur ein bisschen an die Existenz des Unbewussten glaubt, weiß, dass Begründungen, die Menschen für ihre Handlungen angeben, in der Regel mehr als fragwürdig sind. In Wahrheit läuft das so ab: Das Unbewusste gibt einen Impuls, man tut etwas und sucht sich dann eine schöne Begründung dafür, warum man es getan hat.

Wann immer ein grausiges Verbrechen geschieht, wird als Erstes gefragt: Warum? Oft heißt es dann, man müsse erst abwarten, was der Beschuldigte als Motiv angebe. Als ob der wüsste, warum er etwas getan hat! Aufschlussreicher sind da in der Regel die Berichte von Gerichtsbeobachtern und Journalisten, die aufgrund der Lebensgeschichte des Betreffenden oft glasklar herleiten können, wie es zu der Tat kam. Und die sich – ebenso wie die Gutachter – dann anhören müssen, sie hätten nach Entschuldigungen für den Täter gesucht, was natürlich völliger Unsinn ist. Erklärungen und Entschuldigungen sind zweierlei und haben nichts miteinander zu tun.

Jedenfalls bekommt man von den Frauen, die sich zielsicher die lieblosen, untreuen, vielleicht auch gewalttätigen und frauenverachtenden Männer aussuchen, immer die Antwort, die Netten seien doch langweilig. Eine Antwort, die uns nicht wirklich weiterbringt.

Aufschlussreicher ist da wiederum ein Blick durch das therapeutische Schlüsselloch.

Die Falschen und die Richtigen

Auch wenn die Patientin nicht vorrangig wegen ihrer Partnerschaftsprobleme in Behandlung ist, haben sie doch immer wieder eine Rolle gespielt. Ich habe schon einige Dramen miterlebt, bei denen es jeweils darum ging, dass sie wieder eine Beziehung mit einem Mann eingegangen war, von dem sie sich früher oder später verletzt fühlte. Mir kamen die Herren aufgrund der Beschreibung allesamt sehr unreif vor, und ich konnte nur schwer nachvollziehen, was die Patientin an ihnen so anziehend fand.

Auch ihr derzeitiger Partner scheint mir nicht gerade der Frauenfreund in Person zu sein. Sie hat ihn in einer Disco kennengelernt, wo er ihr durch seine – wie ich insgeheim dachte – großspurige Art aufgefallen war. So erzählt sie, sobald sie mit ihm irgendwo sitze und eine andere Frau komme vorbei, beginne er, über deren »fetten Hintern« oder andere vermeintliche körperliche Unzulänglichkeiten abzulästern. Die Patientin ist eher geneigt, das als Kompliment aufzufassen und als Beweis dafür, dass in seinen Augen jede andere Frau im Vergleich mit ihr schlecht abschneide. Ich bin eher geneigt, es als Beweis für Ungehobeltheit, Unreife und Frauenhass aufzufassen. Dass er die Patientin häufig versetzt, sie beim Ausgehen in der Gruppe meist nicht beachtet und sich nur mit seinen Kumpels unterhält, nimmt mich ebenso wenig für ihn ein wie die Tatsache, dass er sich erst dann für sie zu interessieren beginnt, wenn es Zeit zum Heimgehen ist und er Lust auf Sex bekommt (den die Patientin als nicht befriedigend empfindet). Hinzu kommt, dass die Patientin mir von Anfang an von einem jungen Mann erzählt, den sie schon »ewig« kenne, der ein guter Freund für sie sei, zu dem sie mit allen Kümmernissen kommen könne und der sie auch in ihrem Liebeskummer schon oft durch geduldiges Zuhören getröstet habe. Auf Befragen gibt sie zu, er weise auch keine körperlichen Unzulänglichkeiten auf und sehe eigentlich ganz nett aus.

Ich spreche an, dass es etwas schwer begreiflich ist, dass sie sich immer wieder in Männer verliebe, mit denen sie, die eher aggressionsgehemmt und zurückhaltend ist, so wenig gemein habe, dass sie aber offenbar kein erotisches Interesse an einem Mann entwickeln könne, der über Jahre seine Zuverlässigkeit bewiesen habe. Ich erwarte eigentlich nichts anderes als das übliche: »Ja, der ist zwar ein netter Kerl, aber ich finde ihn langweilig«, das uns wie erwähnt nicht wirklich weiterbringt. Die Motive des Unbewussten, sich gegen die verträglichen und für die unpassenden Männer zu entscheiden, werden damit ja in keiner Weise klarer. An diesem Tag jedoch scheint es der Patientin leichter zu fallen, die inneren Türen aufzumachen, die sonst auch ihr selbst verschlossen sind.

»Sie wissen ja, dass ich nicht so viel von mir selbst halte«, meint sie. »Die Männer, mit denen ich üblicherweise zusammen bin, sind so sehr mit sich selbst beschäftigt, dass sie sich in Wahrheit gar nicht für mich interessieren. Ein netter Mann würde mich *wirklich* kennenlernen und in mein tiefstes Inneres schauen wollen. Und was er da sehen würde, würde ihm nicht gefallen. Er könnte mich nur verabscheuen.«

Sie wissen, ich bin Tiefenpsychologin. Klar kommt spätestens jetzt der Papa dran. Wer sich so sicher ist, dass er tief innerlich so schlecht ist, dass man ihn nicht lieben kann, ist meist niemand, der tatsächlich Verabscheuungswürdiges angestellt hat. Sondern jemand, der mindestens ein Elternteil gehabt hat, das nicht imstande war, seinem Kind ein gesundes Selbstbewusstsein mit auf den Weg zu geben. Kinder geben sich selbst die Schuld für Schlimmes, das sie erleben. Da dies immer noch besser zu ertragen ist als die beängstigende Entdeckung, in die Hände inkompetenter Eltern geraten zu sein, läuft man unter Umständen für den Rest seines Lebens mit der Überzeugung herum, man sei tatsächlich nicht liebenswert. Und man tue besser daran, sich jemanden zu suchen, dem das nicht auffällt oder der einen nicht besser behandelt, als man es von daheim gewöhnt ist. Auf alle Fälle möchte man nicht noch einmal darauf hereinfallen – wie man das als kleines Kind getan hat –, mit ausgebreiteten Armen auf jemanden zuzulaufen und eine Abfuhr zu kassieren.

Ich habe noch keinen Fall erlebt, wo ein Partner, der am Anfang freundlich und einfühlsam war, sich irgendwann völlig überraschend als jemand entpuppte, der einen schlecht behandelt. Es sei denn, er ist Heiratsschwindler. Häufig wollen Patienten sich zunächst einreden, er habe sich werwolfgleich sozusagen über Nacht verwandelt. Sobald man genauer nachfragt, geben sie allerdings zu, dass es in Wahrheit von Anfang an Warnzeichen gab. Was wiederum ein sicheres Zeichen dafür ist, dass man nicht zu doof ist, den Richtigen zu suchen, sondern dass man unbewusst genau den ausgesucht hat, von dem man meint, dass er zu einem passt wie die Faust aufs Auge. Dass es sich um jemanden handelt, der nicht wirklich genug Interesse an anderen hat, um in sie hineinschauen zu wollen, ist nur einer der möglichen Gründe.

Ein anderer hängt mit dem zusammen, was Tiefenpsychologen den *Wiederholungszwang* nennen. Das ist eins von diesen Sachen, die das Unbewusste veranstaltet, um einem zu helfen. Wirklich hilfreich ist der Wiederholungszwang nicht immer, aber ab und zu versucht das Unbewusste auch mal etwas nach Versuch und Irrtum und liegt halt daneben. Im Fall des Wiederholungszwangs möchte es darauf hinweisen, dass etwas noch nicht erledigt ist, in diesem Fall beispielsweise die Beziehung zum Papa. Dass er einen nie anerkannt hat, dass er einen abgewertet und für schlecht befunden hat, hat eine Wunde hinterlassen, die nach Heilung verlangt. Der Irrtum des Unbewussten besteht darin, dafür jemanden auszusuchen, der Papa möglichst ähnlich ist und einem einzureden, nur er könne das bewerkstelligen. Auch die erwähnte Patientin hatte einen unreifen Vater gehabt, der ebenso wie ihre späteren Partner gegenüber Frauen im Allgemeinen und ihr gegenüber im Besonderen desinteressiert und verächtlich war. Wenn so jemand einen lieben könne, sei damit alles wieder gut, und die alten Wunden seien damit geheilt, meint das Unbewusste.

Dieser Irrtum hängt auch damit zusammen, dass das Unbewusste es nicht so mit der Zeit hat. Es besitzt keine Uhr. Vergangenheit und Gegenwart sind ihm eins. Es ist genug damit beschäftigt, alle eingehenden Informationen in der inneren Lagerhalle nach Themengebieten zu verstauen. Da hat es keine Zeit, auch noch einen Eingangsstempel mit Datum draufzuhauen. Das kennen Sie ja aus Träumen, dem bevorzugten Tummelplatz des Unbewussten, wo auch Orte der Vergangenheit, sogar Menschen, die nicht mehr leben, auftauchen können, ohne dass dem Träumenden dies in diesem Augenblick bewusst wäre.

Wer zu Hause immer heftige Reize erlebt hat, sucht sie auch im späteren Leben und kann erst gar nicht glauben, dass er vielleicht etwas ganz anderes braucht. Dann empfindet man einen netten Kerl, der normal mit einem redet und nicht rumschreit, im wahrsten Sinne des Wortes als »reizlos«. Vielleicht findet man es beim ersten Mal tatsächlich noch charmant, wenn der Mann, den man soeben in der Disco kennengelernt hat, über jedes vorbeikommende weibliche Wesen ablästert, und glaubt vielleicht, er wolle damit ausdrücken, dass man selbst demgegenüber wie eine Göttin erstrahle. Doch eigentlich zeigt er damit nur eines: Er ist auf einer Stufe stehen geblieben, die für einen Pubertierenden vielleicht noch okay ist, der aus lauter Angst, keine abzukriegen, erklärt, die Trauben seien sauer beziehungsweise die Mädels eh alle hässlich. Wenn er sich auf dieser Stufe allzu lange häuslich einrichtet, wird irgendwann ein Frauenhasser aus ihm.

Sich eigentlich inakzeptables Verhalten schönreden zu wollen, führt selten zu etwas Gutem, und sich einreden zu wollen, es bezöge sich nur auf andere und werde einen selbst schon nicht treffen, ist naiv. Wer andere Frauen abwertet, wird irgendwann auch einen selbst abwerten, denn er läuft mit einem prinzipiell nicht besonders freundlichen Frauenbild durch die Gegend. Wenn man jemand ist, dessen Lieblingshobby es ebenfalls ist, über andere herzuziehen, mag das gut gehen. Wer eher aggressionsgehemmt und verletzlich ist und am anderen lediglich bewundert, dass der mit einer dickeren Schutzschicht versehen ist, wird bald feststellen, dass unter dieses schützende Mäntelchen nur einer passt und dass man schon bald ebenfalls auf der Seite der Lächerlichgemachten steht.

Auf dieser anderen Seite kann schnell auch eine Frau stehen, die stolz darauf ist, einer anderen den Mann abgeluchst zu haben. Zumindest sollte sie nicht irgendwann ankommen und sich bitterlich darüber beklagen, dass sie nun ebenfalls Opfer seiner Untreue geworden ist. Klarer Fall von Selbstüberschätzung. Er ist seiner Frau nicht untreu geworden, weil die Neue so viel attraktiver, verständnisvoller oder was auch immer war als seine Nun-Ex, sondern weil er zur Untreue neigt.

Zu diesem Thema kommen wir später noch ausführlicher.

Vor vielen Jahren habe ich einmal in einem Buch sinngemäß gelesen, der richtige Mann sei der, in dessen Gegenwart man sich schöner, klüger und weniger verrückt fühle. Ich finde, wenn man diesen Spruch im Hinterkopf behält, kommt man damit eigentlich schon relativ weit.

Ein weiteres gutes Kriterium dafür, wie man den Richtigen herausfindet, ist, sich vorzustellen, einen Sohn von diesem Mann zu bekommen, der genauso ist wie er. Wenn man sich nicht vorstellen kann, ein solches Kind lieben zu können, ist die Sache eigentlich schon klar. Dann kann man sich auch gleich verabschieden, denn das, was das Unbewusste bei einem solch wenig liebenswerten Mann erledigen will, ist besser und nervenschonender in einer Psychotherapie aufgehoben.

Wer in einer Familie aufgewachsen ist, in der man sich nicht geborgen fühlen konnte, sondern in der man ständig den Eindruck bekam, man sei irgendwie verkehrt, zu allem zu blöd und möglicherweise auch noch hässlich, der weiß nicht, dass es auch anders sein kann, und dem fällt es nicht einmal auf, wenn sich diese miesen Gefühle in allen Partnerschaften wiederholen. Warum auch? Man kennt es ja nicht anders. Patientinnen mit einem anerkannt schlechten Händchen bei der Auswahl des Geeigneten empfehle ich gern Folgendes: Wenn Sie das nächste Mal auf ein Fest gehen, bei dem sich eine größere Anzahl Ihnen unbekannter Männer tummelt, schauen Sie mal, von welchen Sie sich angezogen fühlen. Die würdigen Sie dann für den Rest der Veranstaltung keines Blickes mehr. Sehen Sie sich probehalber mal die anderen an, die, die sie sonst als »langweilig« empfunden haben. Das verhindert zumindest erst einmal, sich kopfüber in die nächste Falle zu stürzen. Vielleicht werden Sie diesen Abend als weniger aufregend im Gedächtnis behalten, werden längerfristig aber damit belohnt, dass Sie sich weniger aufregen müssen.

Wobei das mit dem »langweilig« auch wieder so eine Sache ist. Wie ich bereits erwähnte, sind für ein kleines Kind die Eltern Götter und die Familie das Universum. Was wir so früh lernen, prägt sich uns als »Realität« ein, die so absolut ist, dass wir nicht auf die Idee kommen, sie zu hinterfragen. Allenfalls stellen wir etwas später, wenn wir Schulfreunde zuhause besuchen, fest, dass dort doch irgendwie alles anders ist. Viele Menschen erinnern sich auch als Erwachsene noch daran, welches Erstaunen es bei ihnen hervorgerufen hat, dass die Freundin, die man jeden Morgen zur Schule abholte, zu Hause regelmäßig angeherrscht oder geohrfeigt wurde, ohne dass ein Grund dafür ersichtlich war, oder dass in einer anderen Familie eine Freundlichkeit und Harmonie herrschte, die man nicht für möglich gehalten hatte, und die Tatsache, dass diese sich auch auf einen selbst, der man nur zu Besuch war, erstreckte, hat einen nachhaltigen Eindruck hinterlassen.

Erwachsene, die als Kinder nur Disharmonie erlebt haben, Streit, Unruhe, erleben Harmonie als etwas zutiefst Suspektes. Was es ihnen so schwer macht, im Erwachsenenalter neue und somit die alten korrigierende Erfahrungen zu machen, ist, dass die für sie einfach nicht existieren. Sie haben für diese Erfahrungen einen blinden Fleck.

Unter Umständen dauert es sehr lange, bis unser Gehirn etwas Neues akzeptiert und nicht mehr sagt: *Das stimmt mit meinen Erfahrungswerten so wenig überein, das brauche ich mir gar nicht zu merken, das ist bestimmt nur eine totale Ausnahme.*

Dieser Mechanismus ist übrigens einer der Gründe dafür, warum Psychotherapien etwas mehr Zeit in Anspruch nehmen. Das wissen sogar die Krankenkassen.

Ich habe häufig erlebt, dass Patienten, die in unbefriedigenden Beziehungen leben und die auch schon in ihren Elternhäusern nichts als Streit und eventuell auch Gewalt kennengelernt hatten, schlicht und einfach leugneten, dass es etwas anderes gäbe. So meinte eine Patientin einmal, als ich sie bat, zu schätzen, wie viele Menschen in ihrer Partnerschaft zufrieden seien, das könnten ja wohl nicht mehr als zwei Prozent sein. Die Statistik ist da anderer Meinung. Sie hält dagegen, 60 bis 70 Prozent aller Verheirateten seien in ihrer Beziehung glücklich, also deutlich mehr als die Hälfte. Und wenn es darum gehe, wer am zufriedensten sei, lägen die Singles und die Geschiedenen hinter den Verheirateten zurück. Eine andere Patientin ging so weit, allen Ernstes zu behaupten: »Seien wir mal ehrlich. Jeder, der behauptet, er sei in seiner Beziehung glücklich, macht sich doch nur was vor.«

Das macht die Sache dann wirklich tragisch. Keiner von uns käme auf die Idee, sich ernsthaft danach zu erkundigen, wo man denn ein lebendes Einhorn kaufen könne. Wir haben zwar schon von ihnen gehört, aber wir wissen, dass es sie nicht gibt. Wer herumläuft und eine gute Beziehung wider alle statistische Wahrscheinlichkeit für so erfunden hält wie Einhörner, der wird sich nicht auf die Suche danach machen. Wenn man uns ein Einhorn präsentiert, nicken wir wissend und sagen: »Klar, Pferd mit angeklebtem Horn.« Wenn man einer Frau, die in ihrer frühen Kindheit keinen freundlichen menschlichen Kontakt erlebt hat, einen netten Mann präsentiert, wird sie sagen: »Klar, nett. Aber halt kein Mann.«

Dreizehn Minuten sind lang – Nette Männer und das Sex-Dilemma

Nachdem wir darüber gesprochen haben, wie schwer es ist, den oder die Richtige zu finden, ohne sich dabei zu verlaufen oder gar zu verrennen, widmen wir uns endlich auch dem Thema Sex. Zumindest aus der Sicht der Biologen ist das ja der Grund, warum wir diese anstrengende Sucherei überhaupt auf uns nehmen. Naja, Sex ist natürlich nur das Mittel, der eigentliche Grund ist der Fortbestand der Menschheit, auch wenn jedem zwischendurch mal Zweifel kommen, ob man unserem Planeten wirklich etwas Gutes tut, wenn man dazu beiträgt.

Früher war der Druck ungeheuer groß, seine Sexualität doch gefälligst im Zaum zu halten, bis sie sich in der Hochzeitsnacht wie eine exotische Blüte geheimnisvollerweise – zack – von einer Sekunde auf die andere entfaltet. Zumindest war das der Anspruch einer aufgeklärteren Nachkriegsgeneration. Noch früher hatte sich da gefälligst gar nichts zu entfalten. Heute soll sie – zack – von einer Sekunde auf die andere da sein, ohne dass genau festgelegt ist, wann das geschehen soll. Wahrscheinlich irgendwann in der Pubertät.

Super, wenn Sie ein Junge waren. Dann hat das geklappt. Sie haben sich eines schönen Abends ins Bett gelegt, hatten nachts einen erotischen Traum mit Orgasmus, Samenerguss und allem Drum und Dran, wachten auf und wussten, was Sex ist.

Cool.

Pech, wenn Sie ein Mädchen waren. Die Natur hat nämlich beschlossen, dass es für die Arterhaltung völlig ausreichend ist, wenn das Männchen Spaß beim Sex hat. Man ist sich recht sicher, dass die absolut überwiegende Anzahl der Weibchen im Tierreich keine Ahnung hat, was ein Orgasmus ist. Bei den Primaten weiß man es allerdings nicht so ganz genau, da könnten eventuell bei einigen Affenarten auch die Weibchen sexuelle Lust verspüren. Der Rest geht leer aus. Und das, obwohl weibliche Säugetiere ebenso wie Menschenfrauen eine Klitoris besitzen. Diese Tatsache scheint ihnen jedoch nicht allzu viel zu nützen. Ebenso wenig wie vielen Frauen. Eine Frau kann zehn Kinder, hundert Enkel und tausend Urenkel bekommen, ohne in ihrem Leben einen einzigen Orgasmus erlebt zu haben.

Die Untersuchungen dazu, wie wahrscheinlich es für eine Frau ist, regelmäßig oder auch nur überhaupt einmal in ihrem Leben einen Orgasmus zu haben, schwanken in ihren Angaben. Ganz grob und vereinfachend zusammengefasst könnte man sagen: Ein Drittel erlebt beim Geschlechtsverkehr den Höhepunkt, ein Drittel lediglich bei zusätzlicher Stimulation oder bei der Selbstbefriedigung, und das restliche Drittel nie. Keine Ahnung, ob so etwas heute in der Schule im Biologieunterricht gelehrt wird oder ob wie zu unserer Zeit lediglich schematisierte Querschnitte durch die Sexualorgane gezeigt werden. Zumindest habe ich den Eindruck, dass dieses Wissen nicht allzu verbreitet ist. Die Frauen, die nicht zum glücklichsten Drittel gehören, haben jedenfalls nicht das Gefühl, der Mehrheit anzugehören, sondern sie glauben oft, die absolute Ausnahme zu sein und unter etwas zu leiden, das man nur schamhaft verbergen könne.

Selbst dem Mann gegenüber, mit dem man das Bett teilt. Und dann wird es richtig schwierig.

Geben Sie es zu: Sie hätten auch nicht gedacht, dass die Zahlen so aussehen. Schon sind wir wieder bei dem Bild, das uns die Medien vermitteln und von dem wir glauben, dass es der Realität entspricht. Aktuell sieht dieses Bild so aus: Früher waren die Leute verklemmt, gesellschaftliche Konventionen haben ihnen verboten, ihre Sexualität so zu leben, wie es normal und gesund wäre. Inzwischen hatten wir die sexuelle Revolution, wir haben die Pille, können Kondome in jedem Supermarkt kaufen und uns überall umfassend über Sexualität informieren. Allenfalls gibt es mittlerweile ein Überangebot an sexuellen Reizen, eine Übersättigung. Wo soll es da heute also noch ein Problem geben?

Einfacher wird das nicht dadurch, dass die Frauen des glücklichen Drittels die Einzigen sind, die laut gackern. Ich habe einmal in einem Internetforum erlebt, dass nach einem Buch gefragt wurde, in dem ein junges Paar noch etwas über Sexualität lernen könne. Sofort meldete sich eine Frau, die etwas entnervt meinte, wenn ein junges Paar heutzutage nicht alles darüber wisse, könne man ihm auch nicht helfen. Genau diese Haltung erzeugt Rückzug, Sprachlosigkeit und Leid. Sie führt dazu, dass eine Mehrheit sich wie eine verschwindend geringe Minderheit fühlt. Also, glückliches Drittel: nicht so laut gackern bitte, sondern immer mal wieder – je nach Neigung – eurer Schöpferin oder der Natur still dafür danken, dass sie euch mit der Gabe der anstrengungslosen Orgasmusfähigkeit beschenkt hat.

Schauen wir uns an, wie die Frauen bei den restlichen zwei Dritteln damit umgehen, dass ihnen dieses Geschenk nicht so locker und wörtlich in den Schoß fällt.

Der Klassiker ist Folgendes: Frau lernt netten Mann kennen. Ja, der Einfachheit halber nehmen wir einen netten. Und nein, nett ist in diesem Fall nicht der kleine Bruder von Sie-wissen-schon. Sondern in unserem Kosmos ist Nettigkeit irgendwie mit Einfühlsamkeit verwandt.

Die Frau hatte noch nie in ihrem Leben einen Orgasmus. Vielleicht hat sie es ein paarmal mit Selbstbefriedigung versucht, aber es hat nicht recht geklappt oder sie kam sich albern vor dabei. Schließlich ist auch in diesem Bereich für Männer alles etwas einfacher als für Frauen.

Wie ein Mann sich selbst befriedigt, ist selbst bei Frauen allgemein bekannt. Viele Variationen gibt es da nicht. Anders bei den Frauen. Da ist Interesse am eigenen Körper und Selbstliebe im wahrsten Sinne des Wortes gefragt, bevor eine Frau (oder ein Mädchen) herausfindet, welche spezielle Technik bei ihr funktioniert. Möglicherweise stellen Männer sich gern vor, dabei spiele grundsätzlich ein Vibrator die Hauptrolle. Wenn sein bestes Stück nicht zur Verfügung steht, greift die Frau doch garantiert zu etwas, das ihm möglichst nahekommt? Tja, da muss ich die Herren enttäuschen. Nur 1,5 Prozent der Frauen, die sich selbst befriedigen, kommt durch ausschließliche vaginale Stimulation mit einem Vibrator zum Orgasmus. In der Welt der Statistik sind 1,5 Prozent nicht weit vom Messfehler entfernt. Mit anderen Worten: Durch ausschließliche Stimulation mit etwas, das dem männlichen Penis ähnelt, kommt wahrscheinlich keine Frau zum Orgasmus.

Und das ist auch gut so. Es wäre schon ein überaus übler Scherz der Natur, besonders viele hochsensible Nervenenden ausgerechnet im Geburtskanal anzusiedeln. Beim Geschlechtsverkehr wird indirekt die Klitoris gereizt, was erklärt, dass zumindest ein Drittel – aber das wissen Sie ja schon. Der Übergang vom Sex mit sich selbst zum ersten Sex zu zweit ist bei Frauen also schon von daher zumindest nicht unmittelbar Erfolg versprechend.

Der Mann in unserem Beispiel hat schon viele Orgasmen gehabt, schließlich hat die Natur ihm seinen ersten gratis und frei Haus geliefert, und er hat recht schnell gemerkt, wie er dieses hübsche Gefühl eigenhändig erzeugen kann. Auch Sex mit Frauen findet er überaus überzeugend. Ebenfalls der Einfachheit halber stellen wir uns vor, dass die Frau keine Jungfrau mehr ist, also keine Angst vor dem ersten Mal haben müsste, zumindest nicht, dass es ihr körperliche Schmerzen verursachen könnte. Und wir stellen uns vor, dass sie das Glück hatte, nicht Opfer sexueller Übergriffe in Kindheit oder Jugend gewesen zu sein. Vielleicht hofft sie, dass es mit diesem Mann irgendwie, auf magische Weise klappen könnte mit dem Orgasmus, aber so recht daran glauben kann sie nicht.

Dem Mann ist es – er ist ja ein Netter – relativ wurscht, ob die Frau schon Orgasmen hatte oder nicht, Hauptsache, sie entwickeln eine beiderseitig befriedigende gemeinsame Sexualität. Ein guter Anfang dafür wäre schon einmal, wenn die Frau ihm erzählen würde, dass sie noch nie einen Orgasmus hatte. Oder zumindest nicht ohne zusätzliche Stimulation. Dann hätte der Mann keine falschen Erwartungen, und man könnte die Geschichte mit der richtigen Einstellung angehen.

Gut, das muss man ja nicht gleich erzählen, wenn man zum allerersten Mal zusammen im Kino oder in der Kneipe sitzt.

Aber spätestens nach dem ersten oder zweiten Mal Sex wäre das schon eine hilfreiche Information.

Wahrscheinlich wird aber Folgendes geschehen. Der Mann – wie gesagt ein Netter – versucht herauszukriegen, was die Frau gern mag und was nicht, damit sie größtmöglichen Spaß an der Sache hat. Schließlich ist er nicht sein eigener Urgroßvater, der sich nur dann zur Urgroßmutter gelegt hat, wenn es mal wieder ans Kinderzeugen gehen sollte, und der sie ansonsten mit etwas verschont hat, von dem er wusste, dass es ihr verhasst war, und der stattdessen zu Prostituierten ging. Denen machte das Ganze genauso wenig Spaß, sie taten aber wenigstens so als ob.

Vielleicht wird unser moderner Mann die Frau sogar fragen, wie sie es gern hat. Sie wiederum wird alles dafür tun, dass er nicht merkt, dass sie keine Ahnung hat, was ihr Spaß macht. Denn das verträgt sich nicht mit dem Bild, das heutzutage vermittelt wird. Er könnte sie ja sonst für verklemmt halten, für frigide, für lustfeindlich. Irgendwie für behindert.

Vielleicht wird sie sich wünschen, dass er so mit sich beschäftigt ist, dass er gar nicht merkt, dass unter/über/vor oder neben ihm jemand ist, der innerlich bereits ausgestiegen ist. Falls sie überhaupt je bei der Sache war. Sie wird alles dafür tun, dass sich das Ganze nicht unnötig in die Länge zieht, mit anderen Worten alles, von dem sie weiß oder glaubt, dass es seine Lust schnell steigert. Dazu gehört eventuell auch, selbst so zu tun, als fände man die ganze Angelegenheit erbaulich. Vielleicht sogar einen Orgasmus vorzutäuschen. In der Hoffnung, dass er zufrieden ist, nicht nachfragt und sie unentdeckt bleibt mit etwas, was sie nicht zur exotischen Minderheit, sondern eher zur weiblichen Mehrheit gehören lässt.

Das Ganze ist also nicht so einfach und in vielen Beziehungen schon verfahren genug. Aber es kommt noch eine weitere Schwierigkeit hinzu, die selbst die Frauen des »glücklichen Drittels« betrifft.

Im Durchschnitt bekommt eine Frau statisch gesehen nach 21 Minuten einen Orgasmus. Männer nach 8 Minuten. Das macht eine Differenz von 13 Minuten aus. Diese Zeit muss irgendwie sinnvoll überbrückt werden. Und ich meine nicht, indem man Scrabble spielt oder SMS schreibt. Nur wenige Frauen sind da so flott wie Männer. Was ja auch kein Wunder ist, wenn einen die Evolution schon seit Urzeiten mit einem Handicap ausgestattet hat.

Also, Frauen: Traut euch zu zeigen, dass ihr nicht zum glücklichen Drittel gehört. Wenn der Mann sich darüber wundert, weist ihn auf die Statistik hin. Wenn er dann leise pfeift und meint, das habe er ja gar nicht gewusst, besteht vielleicht noch Hoffnung.

Also, Männer: Geht nicht davon aus, dass die Frauen so funktionieren wie ihr. Die Wahrscheinlichkeit, dass ihr sie mit einfachem Rein-Raus auf den Gipfel der Ekstase befördert, ist eher gering. Rechnet also damit, dass gemeinsame Arbeit angesagt ist. Naja, es gibt wahrhaftig unangenehmere Arbeiten, oder?

Zumal nicht die Rede davon sein kann, dass Sexualität für Frauen im Allgemeinen einfach *unwichtiger* ist als für Männer. Nein, sie ist lediglich *anders*. Auch hier, wie bei Geschlechterunterschieden generell, zeigt sich, dass wichtig ist, was im Kopf passiert, nicht zwischen den Beinen. Ein sexueller Traum kann auch bei einer schlafenden Frau innerhalb von Sekunden einen Orgasmus auslösen. Auch, was sexuelle Fantasien betrifft, stehen Frauen den Männern in keiner Weise nach. In den 1970er-Jahren brachte die amerikanische Autorin Nancy Friday ein damals viel beachtetes Buch auf den Markt. Es hieß »Die sexuellen Fantasien der Frauen«. Einige Jahre darauf erschien von ihr »Die sexuellen Fantasien der Männer«. Alle Männer, mit denen ich gesprochen habe und die beide Bücher gelesen hatten, zeigten sich enttäuscht über den Mangel an Vielfältigkeit der Fantasien bei ihren Geschlechtsgenossen und erstaunt bis erfreut darüber, wie bunt und abwechslungsreich (aber auch wie mitunter schockierend) die der Frauen waren.

Ich denke immer, die beste Einstellung für ein Paar, egal, ob es für den Rest seines Lebens zusammenbleiben will oder nur für eine Nacht, ist es, sich vorzustellen, man habe noch nie Sex gehabt und entdecke ihn nun gemeinsam.

Wenn dann auch noch die Frauen lernen, den biologischen Vorteil, den die Männer mitbringen, durch ein wenig mehr Egoismus auf ihrer Seite auszugleichen, erhöhen sich die Chancen beträchtlich, dass die Sache zum beiderseitigen Nutzen klappt. Kleines Beispiel gefällig, was ich mit dem weiblichen Egoismus meine, den ich anmahne?

Wenn eine Frau beim Sex etwas für einen Mann tut, das ihr eigentlich nur mittelgut gefällt, von dem sie aber weiß, dass er es mag, redet er sich entweder ein, sie sei ebenfalls ganz versessen darauf, oder sie tue es eben, weil sie ihn liebe. Und er lehnt sich zurück und genießt es.

Wenn ein Mann beim Sex etwas für eine Frau tut, was ihm eigentlich nur mittelgut gefällt, von dem er aber weiß, dass sie es mag, wird die Frau sich häufig nicht etwa zurücklehnen und es genießen, sondern sie wird sich sagen, er tue das ja jetzt nicht, weil er es wolle, sondern nur ihr zuliebe, und deshalb könne sie es nicht genießen. Zur Not wird dann ein Orgasmus vorgetäuscht, weil der arme Kerl sich ja so viel Mühe gegeben hat und man ihn nun nicht enttäuschen darf. Schon ist die Frau zur Mama geworden und macht den Mann zum Kind, das auf alle Fälle gelobt werden muss, selbst wenn die Kuh, die es gemalt hat, nur auf drei Beinen und auf einer rosa Wiese steht.

Und eine Mama, das schwöre ich Ihnen, ist das Allerletzte, was der Mann haben will. Zumindest in diesem Augenblick.

Streiten und Vertragen

Sie wissen wahrscheinlich, dass Psychologen es gar nicht so schlimm finden, dass Paare sich mitunter auch mal streiten. Ich sage meinen Patienten oft, dass es mir persönlich ziemlich wurscht ist, wie der Streit bei ihnen zu Hause aussieht, solange gewisse Grenzen nicht überschritten werden. Natürlich sollte keinerlei Gewalt stattfinden. Etwas kaputt zu machen, an dem das Herz des anderen hängt, fällt für mich auch darunter. Etwas auszusprechen, das den anderen so verletzt, dass er es wahrscheinlich nie wieder vergessen wird, ist ebenfalls eine Gewalttat. Auch hier haben wir wieder mal das Thema Impulskontrolle.

Ansonsten ist es eine Frage des Temperaments, wie Paare sich streiten. Bei einigen würde selbst ein scharfer Beobachter kaum merken, dass gerade dicke Luft herrscht. Möglicherweise gehen die beiden sogar besonders höflich miteinander um. Lediglich die Raumtemperatur ist um einige Grad gesunken. Am anderen Ende der Skala, die ich noch für zulässig halte, liegen die temperamentvollen Vertreter, wie man sie auch aus der Reklame für italienische Kräuterliköre kennt. Bei ihnen werden Auseinandersetzungen lautstark ausgetragen, unter Umständen fliegen Türen und verzichtbares Geschirr, möglicherweise kommt es auch zum Austausch saftiger Schimpfworte, die bei zarter besaiteten Gemütern den sofortigen Gang zum Scheidungsanwalt zur Folge hätten. All das ist für mich wie gesagt eine Frage des persönlichen Geschmacks, ebenso wie bei sexuellen Vorlieben. Wie heißt es doch so schön: Was dem einen sin Uhl, ist dem andern sin Nachtigall.

Spannend wird es für mich erst bei der Frage, was *nach* einem solchen, wie auch immer ausgetragenen Streit passiert. Dinge unter den Teppich zu kehren, dort ein Depot anzulegen, um sie bei unpassender Gelegenheit hervorzuholen und den gleichen Streit wieder abzuspulen – dass es das nicht sein kann, wissen Sie. Wünschenswert hingegen ist, sich ein paar Stunden oder zumindest ein paar Tage später noch einmal zusammenzusetzen und darüber zu reden, was geschehen ist. Das funktioniert nur, wenn man wenigstens einigermaßen über die Fähigkeit verfügt, bei sich selbst ein paar Dinge auseinanderzusortieren und vor allem zu begreifen, welche der Auslöser, die zu dem Streit geführt haben, absolut nichts mit dem Partner zu tun hatten. Wenn Sie Ihren Partner gebeten hatten, etwas für Sie zu besorgen, und er es ausnahmsweise vergessen hat, muss das ja nicht zwangsläufig zu einem unfreundlichen Wortwechsel führen. Wenn Sie aber in der Rückschau erkennen, dass an diesem Tag sowohl die Kollegen als auch der Chef Sie zur Weißglut getrieben hatten und dass Sie schon ziemlich geladen nach Hause kamen – dann können Sie schon bedeutend besser verstehen, dass da eine gewisse Explosionsgefahr vorhanden war. Wobei – nur der Vollständigkeit halber – diese Explosionsneigung bei Ihnen vielleicht dann noch verstärkt wird, wenn Ihr Unbewusstes noch eine kleine Prise »Meinen Eltern war ich auch immer egal« dazugibt.

Wenn es Ihnen gelingt, all das einzuräumen und sich zu entschuldigen, ist das schon die halbe Miete auf dem Weg zur Harmonie. Die andere Hälfte muss Ihr Partner beisteuern.

Ja, man muss sich entschuldigen können. Wenn man es nicht kann, wird es auch hierfür Gründe geben. Vielleicht ein allzu rigoroses Elternteil, das sich aufführen durfte, wie es wollte, ohne sich je dafür entschuldigen zu müssen, das jedoch stets verlangt hat, dass man selbst bei jedem kleinen Vergehen zu Kreuze kriecht. Das würde verständlich machen, warum man die Entschuldigerei bis sonst wo stehen hat und dass sie einem nur schwer über die Lippen kommt.

Hilft alles nichts, dann werden Sie begreifen müssen, dass das Sich-Entschuldigen zwar früher missbraucht worden ist, dass es aber im Grunde genommen eine vernünftige und nützliche Sache ist. Zumindest, wenn man tatsächlich etwas begriffen hat. Der Alkoholiker, der im Suff wieder einmal die Ehefrau verprügelt hat und dem es am Tag danach wie immer furchtbar leidtut und der verspricht, nie mehr einen Tropfen Alkohol anzurühren – der hat noch nicht wirklich begriffen, dass die Sucht auf seine guten Absichten pfeift und dass es erheblich stärkerer Anstrengungen bedarf, um sie zu besiegen als Reue und guter Vorsätze.

Psychologen haben deshalb nichts gegen gelegentliche Auseinandersetzungen, weil sie es für völlig normal halten, dass Momente großer Nähe sich mit solchen abwechseln, in denen man sich auch mal gepflegt auf den Wecker geht. Wir glauben nicht an komplett störungsfreie Beziehungen, sondern richten den Blick eher auf die Fähigkeit der Beteiligten, geeignete Reparaturwerkzeuge zur Hand zu haben, um Brücken wieder aufzubauen. Natürlich gehen wir auch hier wieder davon aus, dass diese am einfachsten in guten frühen Bindungserfahrungen erworben werden.

Bei uns schrillen eher die Alarmglocken, wenn jemand erzählt, er fände es wunderschön, dass es *nie* Streit mit dem Partner gebe. Gut, solange das funktioniert, können wir nicht viel dagegen sagen. Wenn ein Paar, das schon seine eiserne Hochzeit gefeiert hat, schwärmt, es habe in all den Jahrzehnten seiner Ehe keinen einzigen Streit gegeben, dann kann man es dazu nur beglückwünschen. Bei jüngeren Paaren sind wir da etwas misstrauischer und fragen uns, ob die Ursache nicht vielleicht in einer riesigen Verlustangst begründet ist, und ob da jemand möglicherweise schon bei der geringsten Verstimmung fürchtet, das sei der Anfang vom Ende. Bei so jemandem würden wir davon ausgehen, dass er schon ganz früh eben keine Erfahrungen von zuverlässiger Bindung gemacht hat, und dass er deshalb verständlicherweise in Panik gerät, sobald der andere sich nur ein Zentimeterchen aus der angstreduzierenden Kuschelbeziehung entfernt.

Frauen und ihr Ken

Nun sind die beiden also zusammen, sie hatten schon Sex und haben sich auch schon gestritten. Eigentlich läuft das Zusammenleben ganz gut, aber im Alltag stellt man fest, dass einem manche Eigenart des anderen doch ziemlich auf den Wecker geht. Früher war das klassische Beispiel die Zahnpastatube. Nach der ersten Nacht registrierte man nicht einmal, dass der andere sie nicht, wie es sich gehört, vom hinteren Ende her aufrollte (vielleicht noch mit einer kleinen Metallklammer als Hilfe, die gewährleistete, dass auch nicht der kleinste Rest verschwendet wurde), sondern dass er sie einfach von der Mitte her ausquetschte. An so etwas können irgendwann Ehen zerbrechen. Zum Glück hatte die Körperpflegeindustrie irgendwann ein Einsehen und liefert Plastiktuben oder Spender, um diesen Scheidungsgrund auszuschließen. Mittlerweile hat man andere Dinge gefunden, die man zu Beginn noch charmant fand oder von denen man dachte, die wachsen sich aus, die einen nun aber in den Wahnsinn treiben. Wie geht man damit um? Auch meine Patienten erzählen mir mitunter, was sie an ihrem Partner nervt, und wundern sich dann, dass ich in dem Bereich eine ungewohnt strenge Haltung vertrete.

Wenn es nach mir ginge, hinge über jedem Standesamt ein Schild: *Er/sie wird genauso bleiben, wie er/sie jetzt ist. Willst Du ihn/sie trotzdem?*

Denn das braucht kein Mensch: Jemanden an der Backe zu haben, der einem erzählt, dass man das und das doch besser ändern sollte. Fertigmachen können sich die meisten Menschen alleine, dazu braucht man keinen Partner. Oder soll das vielleicht irgendein blöder Deal sein: Du darfst an mir rummeckern, und ich bin dafür wenigstens nicht mehr allein?

Häufig scheint es dabei um Idealbilder zu gehen, um den Prinzen oder die Prinzessin, die man erträumt hat und nach deren Bild man nun das umzuformen versucht, was man für Rohmaterial hält, was in Wahrheit aber ein fertiger Mensch ist. Auch Männer können das ganz gut. Ich habe von mehreren Exemplaren gehört, die ihrer jeweils 49 Kilo wiegenden Freundin allen Ernstes erzählt haben, sie fänden sie noch attraktiver, wenn sie 45 Kilo wiegen würde. Es gibt nichts, was es nicht gibt.

Ansonsten habe ich aber eher den Eindruck, dass es ein Frauenphänomen ist. Man könnte es »Püppchen-Spielen« nennen. Das Missverständnis besteht darin zu glauben, das Schicksal habe einem eine Art Ken geschenkt. (Für Männer und Außerirdische: Das ist der Freund von Barbie.) Den dürfe man jetzt stylen, wie es einem Spaß macht, bis er zum eigenen Outfit, zur Wohnung oder auch nur zu den eigenen Vorstellungen passt.

Wenn man sich beispielsweise für das Aussehen seines Liebsten schämt, muss man sich entweder trennen oder am eigenen Selbstbewusstsein arbeiten. Jedes »So nehm ich dich aber nicht mit« ist einem erwachsenen Menschen gegenüber respektlos und kein Zeichen für eine reife Partnerschaft, sondern für eine Mutter-Kind- oder eben eine Kleines-Mädchen-Ken-Beziehung. Irgendwie zeigt man damit auch, dass man mit einem Bein noch in der pubertären Phase des Kumpel- oder Freundinnen-Beeindruckens hängen geblieben ist.

Eine Ausnahme ist, wenn der Partner den Rat aktiv anfordert und man willens ist, ihn zu geben. Wenn ein Mann es liebt, von seinem Schatz eingekleidet zu werden, oder auf Hilfe angewiesen ist, weil er sehbehindert oder farbenblind ist oder auch nur eine schwere Styling-Schwäche hat, unter der er selbst leidet, ist es okay. Ansonsten ist Einmischung nur dann statthaft, wenn die eigenen Grenzen verletzt werden oder der andere in Gefahr ist, sich selbst zu gefährden, wenn er beispielsweise eine Sucht entwickelt. Sich allerdings jemanden zuzulegen, bei dem auf der Schachtel schon »Smoking Ken«, »Drinking Ken« oder »Gambling Ken« draufsteht und ihn dann zum »Abstinent Ken« umstylen zu wollen – das kann nur in die Hose gehen. Falls Sie zu solchen Fehlkäufen neigen, googeln Sie mal das Wort *Helfersyndrom* oder *Co-Abhängigkeit.*

Kinder darf man erziehen. Kinder muss man erziehen. Aber auch die nur bis zu einem gewissen Alter.

Nur wo der Name einer bestimmten Schokocreme draufsteht, ist auch eine bestimmte Schokocreme drin. So ähnlich lautete früher der Werbespruch von Deutschlands beliebtestem Nuss-Nougat-Aufstrich. Er gilt auch für Männer. Nur wo eine bestimmte Eigenschaft draufsteht, ist sie auch drin. Es hat keinen Sinn, mit einem Glas, auf dem deutlich steht, hier sei ganz bestimmt keine Schokocreme drin, in den Laden zu gehen und sich darüber zu beschweren, dass man Schuhcreme darin vorgefunden habe. Ebenso sinnlos ist es, mit einem Mann, der einem gleich zu Beginn gesagt hat, er wolle nie heiraten und schon gar keine Kinder, eine Beziehung einzugehen und ihm dann jeden Tag vorzuwerfen, er sei bindungsunfähig, weil er nicht heiraten und schon gar keine Kinder wolle.

Tiefenpsychologisch ist so ein Verhalten allerdings wiederum sehr verständlich. Möglicherweise handelt es sich um eine Frau, deren Vater schon nicht imstande war, eine liebevolle Beziehung zu ihr aufzubauen. Diese alte Verletzung kann nach Meinung unserer Psyche ja nur geheilt werden, wenn man einen Mann findet, der dem Vater möglichst ähnlich ist. Genährt wird die Hoffnung, dieses Mal könne es klappen, eventuell noch durch Bücher und Filme, in denen der harte, möglicherweise sogar zynische Held auftaucht, dessen Härte jedoch nur einen ungeheuer liebevollen, im Grunde warmherzigen Kern schützt. Nonsens. In der Wirklichkeit verbirgt sich hinter dem Zyniker – jawohl, ein Zyniker.

Sie wissen, dass ich mich hüten werde, mich festzulegen, welche unserer Eigenschaften typisch männlich oder typisch weiblich sind und welche anerzogen oder von der Umwelt und den Medien suggeriert. Dennoch sind sich auch viele Menschen, die mit dieser zwanghaften Unterscheiderei an sich nichts am Hut haben, einig darüber, dass manches mit Männern einfacher ist als mit Frauen. Ich erwähnte ja bereits den Trapper, in dessen doch eher rustikales Leben die Gattin ein wenig Zivilisation bringt. Manchmal könnte man auch meinen, der Unterschied in den Kommunikationsstilen von Männern und Frauen sei der zwischen Höhlenmensch und spanischem Hofzeremoniell. Der Mann redet nicht lange drum rum. Wie schon in der Bibel angemahnt, reicht ihm ein schlichtes ja, ja; nein, nein. Und gut ist. Bei Frauen hingegen muss man ständig aufpassen, sich nicht in irgendwelchen Fallstricken zeremonieller Kommunikationskonventionen rettungslos zu verheddern. Auch das ist wieder etwas, das man wahlweise und nach persönlichem Geschmack mit der Unterschiedlichkeit der Gehirne oder damit erklären kann, dass Mädchen sich länger mit der Mutter identifizieren und deshalb wissen wollen, wie die so tickt, während Jungs es für weniger spannend halten, genau herauszufinden, was in Mamas Kopf so vor sich geht. Viele Väter hingegen verweigern ihren Söhnen bekanntlich durch blanke Abwesenheit den Einblick in ihre Gedankenwelt. Was dazu führt, dass Männer eher dazu neigen, sich auf das zu beschränken, was in ihrem eigenen Gehirn passiert, während Frauen sich gern mit den vermeintlichen Gedanken anderer beschäftigen. Schauen wir uns das in einem ganz einfachen Beispiel an.

Ein Paar hat sich vage darauf geeinigt, am Dienstag ins Kino zu gehen. Der Dienstag war ziemlich anstrengend, eigentlich haben beide abends keine Lust mehr, noch mal wegzugehen. Jetzt kommt es darauf an, wer zuerst den Mund aufmacht.

Ist es der Mann, wird er wahrscheinlich sagen: »Du, ich hab eigentlich heute gar keine Lust, ins Kino zu gehen.«

Sie (erleichtert): »Ich auch nicht.«

Sie bleiben daheim.

Macht die Frau zuerst den Mund auf, wird sie wahrscheinlich sagen: »Du, wir wollten doch heute ins Kino.«

Er nickt, weil er ein netter Mann ist und diese Aussage für ihn bedeutet, dass sie immer noch Lust hat, ins Kino zu gehen. Für sie wiederum bedeutet sein Nicken, dass er auch immer noch Lust dazu hat. Er schluckt seine Unlust ihr zuliebe herunter, und sie gehen ins Kino, obwohl beide keine Lust dazu haben.

Bei diesen quasi interkulturellen Dialogproblemen gibt es keine Lösung außer der: Seid euch dessen bewusst, dass es sie gibt. Redet miteinander. Seid interessiert daran, wie ihr selbst und wie der andere tickt. Erwartet nicht, dass der andere so funktioniert wie ihr. Erwartet nicht, dass er sich ändert.

Und nein, schwul oder lesbisch zu werden ist auch keine Lösung, um dem Ganzen aus dem Weg zu gehen. Ich hatte nämlich bei meinen schwulen und lesbischen Patienten und Patientinnen keineswegs den Eindruck, dass sämtliche Kommunikationsprobleme sich in nichts auflösen, nur weil beide Partner demselben Geschlecht angehören. Wenn das so einfach wäre, hätten Freunde gleichen Geschlechts niemals Streit miteinander. Das kenne ich nicht nur von Patientinnen, die das Wagnis eingegangen sind, mit der besten Freundin in Urlaub zu fahren, aber ganz anders. Was uns prägt, ist viel stärker als unser Geschlecht und das, was wir damit verbinden. Es ist das, was wir in unserer allerersten Zeit gelernt haben über Liebe und Zuverlässigkeit. Oder eben über deren Nichtvorhandensein. Da diese Erfahrungen bei jedem Menschen, ob Mann oder Frau, immer ein wenig anders aussehen, müssen wir damit rechnen, dass unser Partner, egal ob er dem gleichen oder dem anderen Geschlecht angehört, nie ganz unsere Sprache sprechen wird. Und dass wir die Bedeutung seiner Worte und Verhaltensweisen oft erst mühsam entschlüsseln müssen.

Wir haben gesehen, was beim Kennenlernen alles schiefgehen kann, was beim Sex und was beim Streiten (oder Nichtstreiten). Gehen wir nun davon aus, Sie und Ihr Partner oder Ihre Partnerin beschließen, sich zu vermehren. Oder, was ja auch heute noch häufig vorkommt, Sie haben es gar nicht beschlossen, werden aber trotzdem Eltern.

Wäre doch gelacht, wenn nicht ausgerechnet in dieser Situation die Bilder und Vorstellungen greifen würden, die Sie unbewusst mit sich herumtragen.

Wenn Sie Glück hatten, wird Ihnen das gewaltig helfen, wenn Sie selbst vor der Aufgabe stehen, Vater oder Mutter zu sein.

Wenn Sie aber Pech hatten, können Sie ordentlich ins Straucheln geraten.

Herd und Kita

Das sogenannte »Betreuungsgeld«, das für Frauen einen finanziellen Anreiz schaffen soll, während der ersten Lebensjahre ihres Kindes zu Hause zu bleiben, war und ist ein großes Thema in der allgemeinen Diskussion sowie erneuter Streitpunkt in den Koalitionsverhandlungen zur Regierungsbildung von CDU und SPD im Herbst 2013. Während die Kritiker es als »Herdprämie« bezeichnen und meinen, damit werde ein althergebrachtes Rollenverständnis zementiert, argumentieren die Befürworter, schließlich habe die moderne Säuglings- und Bindungsforschung die Bedeutung einer engen, zuverlässigen Bezugsperson für die ersten Lebensjahre unterstrichen. Sie rufen also die Psychologen zu Zeugen der Behauptung auf, ein

Kind sei in den ersten drei Jahren am besten bei der Mutter aufgehoben.

Nun, das stimmt nur so halb. Natürlich sind verlässliche, liebevolle und unterstützende Bindungen ungeheuer wichtig für ein Kind. Bindungsforscher weisen allerdings darauf hin, dass es bei Tierarten – und bei Menschen zu allen Zeiten – immer »Helfer am Nest« gegeben hat, wie sie es nennen. Das heißt, dass auch ein sehr kleines Kind zwar an einem Menschen besonders hängt, dass es aber darüber hinaus gute und feste Bindungen zu bis zu vier Bezugspersonen aufbauen kann. Außerdem betonen sie, dass es umgekehrt für ein Kind eine Katastrophe ist, einer einzelnen Bezugsperson ausgeliefert zu sein, die ihre Arbeit nicht gut macht, ohne dass dies von einer befähigteren kompensiert wird.

Kinder lernen durch Vorbilder. Durch schlechte oder abwesende Vorbilder lernen sie Umweg-Identifikationen. Nun müssen Sie sich wieder entscheiden.

Haben Sie ein eher konservatives Rollenverständnis und möchten Sie, dass Ihr Kind es »erbt«, ist die Idee, Mütter dafür zu bezahlen, dass sie in den ersten Lebensjahren des Kindes zu Hause bleiben, recht trickreich. Dann ist sie sogar ausgesprochen genial. Wenn Sie Ihrem Kind in einem Alter, in dem es noch ohne Worte vor allem über soziale Beziehungen viel lernt und in dem es noch dazu das, was es erlebt, für die absolute, alleinige Wahrheit hält, das Bild vermitteln: Frauen sind zu Hause, kriegen Kinder und machen den Haushalt, und Männer gehen hinaus in die Welt und sind berufstätig – dann vergisst das Kind, egal ob Junge oder Mädchen, das sein Leben lang nicht. Denn diese Regel – oder was es dafür hält – ist in sein Unbewusstes gerutscht und formt sein Bild von der Welt. Vor allem, wenn das Verhältnis zur Mutter auch noch gestimmt hat. Mama war zu Hause, und es war schön mit ihr. Da wären Sie doch mit dem Klammerbeutel gepudert, wenn Sie es später mal nicht ganz genauso machen würden. Sie bleiben also daheim, wenn Sie schwanger werden. Und als Mann mit ähnlichen Erfahrungen suchen Sie sich eine Frau, die zu diesem Schritt bereit ist.

Die Kritiker des Betreuungsgelds hingegen sind zum einen nicht so wahnsinnig davon begeistert, dass solcherart ganz geschickt auch in der darauffolgenden Generation gesichert wird, dass sich hinsichtlich des Rollenverständnisses nicht allzu viel ändert. Zum anderen weisen sie darauf hin, wie nachhaltig schädigend es für ein Kind ist, wenn die einzige Bezugsperson vielleicht nicht die Art von Mutter ist, die man einem Kind in den ersten Lebensjahren wünscht. Sie fürchten, dass diese Prämie eben nicht nur die verantwortungsvollen, psychisch reifen Mütter anzieht, sondern ebenso – wenn nicht sogar in größerem Maße – diejenigen, die wir Psychotherapeuten gar nicht so gern als Mütter oder als Eltern sehen. Solche, die unfähig sind, mit den eigenen Gefühlen angemessen umzugehen, und sie stattdessen an einem hilflosen Würmchen auslassen. Hier wird das Kind später vielleicht einmal den Weg der Umweg-Identifikation wählen und sich dafür entscheiden, im Leben nicht so wie die Mutter werden zu wollen. Dass das nicht unbedingt die beste Wahl sein muss, wissen wir mittlerweile schon.

Oder Sie entscheiden sich für die andere Variante. Dass man von guten Vorbildern lernt, gilt natürlich in gleicher Weise für diejenigen Eltern, die es eher nicht so mit den klassischen Rollenbildern halten. Auch hier wird dennoch meist die Entscheidung getroffen, dass die Frau zu Hause bleibt, sobald das Kind da ist, und der Mann arbeiten geht. Es werden viele praktische Gründe dafür genannt, die aber alle nichts an der Tatsache ändern: In den entscheidenden Jahren lernt Ihr Kind, dass Frauen für den Haushalt zuständig sind, während Männer irgendetwas draußen in der Welt erledigen. Wenn es später erfährt, dass die Mutter außerdem in Astrophysik promoviert hat, ist es zu spät.

Schauen wir uns einmal an, welche Auswirkungen diese frühe Prägung auf das hergebrachte Rollenbild noch haben kann.

Was genau ist eigentlich eine Hausfrau?

Bei den Paaren, die sich dafür entscheiden, dass die Frau nun längere Zeit zu Hause bleibt, um sich der Brutpflege zu widmen, lauern Gefahren, wie ich bei meinen Patientinnen immer wieder beobachten konnte. Ich nenne das die »Hausfrau und Mutter«-Falle.

Ich persönlich kann mit dem Begriff »Hausfrau und Mutter« ehrlich gesagt nichts anfangen. Dass man ihn früher benutzt hat, ist verständlich. Frauen waren nicht berufstätig, oder zumindest nur kurz und nicht im heutigen Sinne. Spätestens nach der Heirat bestand ihre alleinige Aufgabe darin, dem Mann ein schönes Heim zu bereiten und die Kinder großzuziehen. Also Hausfrau und Mutter zu sein.

Den »Mutter«-Teil finde ich natürlich völlig okay. Selbst wenn es sich um einen Vater handelt.

Aber was, bitte schön, sind heutzutage die besonderen Aufgaben einer Hausfrau? Die Kellertreppe putzen müssen wir alle, ob wir Kinder haben oder nicht, ob wir berufstätig sind oder nicht, uns mit Nahrung versorgen und unsere Wäsche waschen ebenso.

Wenn wir kein Personal haben, sind wir *alle* Hausfrauen. Oder Hausmänner. Also können wir den Begriff auch streichen.

Betrachten wir die Geschichte einmal von Anfang an.

Ein junges Paar lernt sich kennen. Beide wohnen nicht mehr bei den Eltern, beide haben Jobs, von denen sie leben können. Beide haben sich schon seit einigen Jahren selbst versorgt, je nach Veranlagung mehr oder weniger häufig geputzt und gewaschen. Sie haben ihre Wäsche selbst gebügelt oder sie auch nur einigermaßen glatt gezogen. Beide haben, soweit vorhanden, bisher auch ihre Kellertreppe geputzt. Ein richtig gleichberechtigtes, modernes Paar also.

Die Frau denkt: Prima. Einen Unselbstständigen, der sich noch von der Mutter die Wäsche machen lässt, hätte sie nicht gewollt. So einen findet sie unerwachsen und unmännlich.

Sie ziehen zusammen. Beide arbeiten Vollzeit, sie teilen sich das Putzen, Waschen, Kochen und was sonst noch anfällt. Sollte einer von beiden dabei schwächeln – das muss nicht unbedingt der Mann sein, vielleicht ist er in Haushaltsdingen sogar fitter –, wird man das den anderen schon wissen lassen. Klare Sache.

Dann bekommen sie ein Kind.

Sie hatten schon vorher beschlossen, dass die Frau erst einmal einige Zeit zu Hause bleiben wird. Weil sie stillt, weil es, wie bereits erwähnt, so üblich ist, weil sie weniger verdient, weil man es Männern noch schwerer als Frauen macht, Berufstätigkeit und Elternsein miteinander zu verbinden. Die Frau bleibt also zu Hause, *um für das Kind da zu sein.*

Vergessen Sie nicht, dass das der Grund war!

Nun beginnt mit einem Mal bei vielen Paaren eine eigenartige Entwicklung. Anstatt früher als sonst nach Hause zu kommen, um wenigstens abends etwas vom Nachwuchs zu haben, machen die Männer plötzlich Überstunden. Weil zu Hause eine schlecht gelaunte Frau auf sie wartet, die keine Lust mehr auf Sex hat. Eine Zeit lang hat der Mann dafür durchaus Verständnis. Schließlich bekommt sie wenig Schlaf. Einvernehmlich hat man sich geeinigt, dass sie nachts aufsteht, wenn das Kind schreit. Er muss morgens früh raus, und stillen kann er auch nicht. Sie selbst hat doch vorgeschlagen, dass er liegen bleiben kann! Was ist auf einmal los mit ihr? Sind es die Hormone?

Erinnern Sie sich, warum die Frau beschlossen hatte, zu Hause zu bleiben? Um sich um das Kind zu kümmern. Das nächtliche Aufstehen ist nicht das Problem. Überhaupt ist der Mutter-Teil nicht das Problem. Aber irgendwie war der Mann davon ausgegangen, wenn die Frau zu Hause bleibt, sei sie automatisch Hausfrau, und dann sei es doch selbstverständlich, dass sie auch wäscht, kocht, putzt und bügelt.

Das Institut für Demoskopie in Allensbach hat im Auftrag der Firma Vorwerk untersucht, wie es mit der Hausarbeit bei Familien mit Kindern aussieht. 76 Prozent der Frauen gaben an, »alles« oder »das meiste« im Haushalt selbst zu erledigen. Nur etwa ein Fünftel der Paare mit Kindern teilte sich die Hausarbeit. Das bezog sich nicht etwa nur auf die Frauen, die zu dieser Zeit nicht erwerbstätig waren. 17 Prozent arbeiteten ganztags in ihrem Beruf, 38 Prozent Teilzeit.

Zu verstehen ist das Ganze nur, wenn man sich deutlich macht, dass sich diese Bilder im unbewussten Teil des Hirnkästchens schon ganz früh eingenistet haben. Als der Mann klein war, war Mama zu Hause und hat den Haushalt gemacht. Wenn Kinder klein sind, machen Frauen das eben so, meint sein Unbewusstes.

Anstatt wie bisher am Feierabend den halben Haushalt zu erledigen, macht der Mann nun Überstunden. Plötzlich spielt er die Familie nach, die er von früher kennt. Der Mann verwandelt sich in seinen eigenen Vater. Da konnten die beiden vorher noch so gleichberechtigt miteinander leben. In dem Augenblick, in dem ein Kind da ist, klinkt das alte Programm ein. In unserer frühesten Zeit haben wir das Programm mitbekommen, das heißt: Mama ist Hausfrau und Mutter, und Papa geht arbeiten. Wir sind schon recht groß, wenn wir endlich erfahren, dass Mama früher einmal einen Beruf hatte, und es dauert noch geraume Zeit (vor allem, wenn wir noch kleinere Geschwister haben), bis wir wieder mitkriegen, dass auch Mamas arbeiten gehen.

Während Frauen davon ausgehen, da müsse sich seit der Zeit ihrer Mütter doch etwas geändert haben, hat bei den Männern das Unbewusste die Macht übernommen. Es ist ja nicht so, dass sie irgendwann wie ein klassischer Bösewicht beschließen: *Haha, jetzt habe ich sie in die Falle gelockt, indem ich ihr ein Kind gemacht habe. Jetzt brauche ich nur noch jeden Tag Überstunden zu machen, und dann bleibt ihr nichts anderes übrig, als genau die Aufgaben zu übernehmen, die meine Mutter früher hatte. Dann habe ich ein Stück Kindheit zurück, und alles ist so schön wie früher.*

Wenn man den Mann fragen würde, warum er sich plötzlich nicht mehr am Haushalt beteiligt und stattdessen abends länger in der Firma sitzt, bekäme man die Art von unbefriedigender Antwort, die man immer bekommt, wenn man jemanden bittet, etwas zu erklären, dessen Wurzeln unbewusst sind. Da in uns der Wunsch besteht, unseren Handlungen Sinn zu verleihen, wird er irgendeine Erklärung finden. »Wir können das Extrageld gut gebrauchen, so ein Kind kostet ja schließlich auch eine Menge«, »Bei uns in der Firma ist gerade besonders viel zu tun«, »Meine Frau kann das sowieso besser« oder »Sie lässt mich das Kind ja nicht einmal halten!«.

Nichts davon ist wirklich überzeugend. Schon gar nicht, wenn es auch von der Seite des Mannes her ein Wunschkind war oder wenn er zumindest grundsätzlich einen Kinderwunsch hatte. Jemand, der bis auf den letzten Blutstropfen um die Fernsteuerung des Fernsehers kämpfen würde, gibt ohne Widerstand den Anspruch auf sein eigen Fleisch und Blut auf?

In Wahrheit ist es nicht einzusehen, dass der Mann nicht mehr staubsaugen und Hemden bügeln muss (oder was auch immer vorher seine Aufgaben waren), nur weil seine Frau geboren hat. Bei Männern, die das auch früher schon nicht tun mussten, kann es hinhauen. Wenn ein Paar sich völlig einig darin ist, dass sie das klassische Rollenmodell nach wie vor für genial halten, ist das ihre Sache. Welche persönlichen Lebens-

und Rollenaufteilungsentscheidungen ein Paar trifft, ist uns Psychotherapeuten ziemlich schnuppe. Zumindest, solange beide glücklich damit sind. Die Frau, die schon immer den Wunsch hatte, mit dem ersten Glockenschlag nach der Geburt ihres Kindes auf unabsehbare Zeit, vielleicht sogar für immer, nur noch für Kinder und Haushalt da zu sein, findet es womöglich tatsächlich in Ordnung, dass der Mann im Haushalt keinen Finger rührt, und dass er das Zimmer verlässt, sobald der Säugling beginnt, leicht zu müffeln.

Ansonsten bedeutet es: schlechte Laune, kein Geschlechtsverkehr.

»Wer poppe will, muss fründlich sin.« Nicht nur der Rheinländer weiß, dass, wer Lust auf Sex hat, gut daran tut, sich einigermaßen entgegenkommend zu verhalten. Das gilt auch und gerade dann, wenn ein Mann Vater geworden ist und irgendwann auch wieder Partner sein will. Nicht umsonst ist das, was die meisten Menschen für die Krönung der Mann-Frau-Beziehung halten, nämlich die Geburt von Kindern, andererseits die Zeit, in der diese Beziehung auf eine besondere Probe gestellt wird.

Ich habe einmal den Spruch gehört, beim Mann benötige das Vorspiel mitunter nur ein paar Sekunden, bei der Frau eine ganze Woche. Ein Mann kann auch mit einer Frau schlafen, mit der er sich gerade noch gezofft hat. Wegen der Arterhaltung ist er da etwas robuster angelegt. Eine Frau kann das meist nicht. Da muss schon ein paar Tage lang gute Stimmung gewesen sein, damit sie Lust auf Sex hat.

Bei den Paaren, bei denen nach Feierabend die gleiche Arbeitsteilung herrscht wie vor der Vermehrung, habe ich selten von schlecht gelaunten Frauen gehört, und auch nicht von sexuell frustrierten Männern. Im Gegenteil. Beide waren glücklicher miteinander als je zuvor.

Treffen eine Frau, deren Eltern sich die Hausarbeit geteilt haben, und ein Mann aus einer Familie mit klassischer Rollenaufteilung aufeinander, ist die Wahrscheinlichkeit recht groß, dass es zwischen den beiden ordentlich scheppern wird. Da können die beiden noch so gute Vorsätze haben, eine moderne Partnerschaft zu führen. Sie wird den Staubsauger immer schon in der Hand haben und ihm diese Tatsache vorhalten, bevor er auch nur auf die Idee kommt, dass eine Wohnung nicht selbstreinigend ist. »Du hättest doch auch mal was sagen können«, wird er erwidern und sich wundern, wenn sie den schweren Seufzer, mit dem er sich aus dem Sessel wuchtet, mit blanker Mordlust in den Augen quittiert.

Wenn ich in der Stadt eine Frau sehe, die ihr kleines Kind pausenlos anherrscht, weil sie es doch so eilig hat, weil zu Hause der Haushalt ruft und noch tausend Dinge erledigt werden müssen, dann weiß ich, dass da gerade etwas schiefläuft.

Warum war sie gleich wieder zu Hause geblieben und hat ihren Beruf zumindest vorübergehend aufgegeben?

Eben.

Um ganz für das Kind da zu sein. Und nicht, um ihm zu zeigen, wie unwichtig es ist, im Vergleich mit ein paar ungeputzten Fensterscheiben.

Die meisten Eltern haben den Wunsch, ihre Kinder einigermaßen ordentlich zu erziehen, zu Menschen, die später einmal nicht unglücklich oder gar psychisch krank werden, die beziehungs- und arbeitsfähig sind. Sich darauf zu konzentrieren ist zumindest am Anfang ein absoluter Fulltime-Job, mit dem man völlig ausgelastet ist.

Auch in anderer Hinsicht lauern in dieser Zeit Probleme. Nun wird sich erweisen, ob der Mann erwachsen genug ist, um die Rolle des Vaters zu übernehmen, oder ob er unreif ist und sich eher wie ein älterer Bruder seines eigenen Kindes aufführt. Es wird sich zeigen, ob er (mal wieder unbewusst) alte, ungelöste Probleme mit sich herumschleppt, die nun plötzlich zutage treten.

Es ist ja auch nicht ganz einfach. Früher war man zu zweit. Jetzt ist man zu dritt. Wer als Kind einen besten Freund oder eine beste Freundin hatte, weiß, dass es schwierig werden kann, wenn da plötzlich noch einer auftaucht.

Wer der Erstgeborene war und miterleben muss, wie die Mama sich plötzlich nur noch mit diesem doofen kleinen Balg beschäftigt, das nach einem kam, weiß es auch.

Wie das aussieht, kann ich in der Straßenbahn häufig beobachten. Es macht einen gewaltigen Unterschied, ob eine Mutter mit einem Zweijährigen an der Hand zusteigt, nebenbei ihre Fahrkarte entwertet und für sich und das Kind einen Sitzplatz sucht. In der Regel geht das einigermaßen reibungslos vonstatten. Ganz anders sieht es aus, wenn ein kleines Geschwisterchen im Kinderwagen sitzt. Die Mutter hat keine Hand frei und muss den Zweijährigen, der vielleicht noch Probleme hat, die Stufen zu erklimmen, per Voice Control lenken. Ungeduldig – schließlich wollen noch andere Fahrgäste einsteigen, und der Fahrer hat seinen Fahrplan einzuhalten –

weist sie ihn an, sich schon hinzusetzen, damit er beim Anfahren nicht umfällt. Natürlich ist er damit überfordert und bleibt stattdessen stehen, um auf sie zu warten, was zu heftigen Zurechtweisungen führt. Keine einfache Situation, weder für die Mutter noch für den Zweijährigen.

Ebenso muss der Mann damit fertigwerden, dass er nun nicht mehr die Nummer eins ist. Viele Männer sehen darin überhaupt kein Problem. Sie sind in ihr Kind ebenso verliebt wie die Frau, und das gemeinsame Kind-Anhimmeln verbindet sie. Sie können es auch genießen, wenn das Kind ausnahmsweise schläft und man endlich einmal wieder Zeit für sich als Paar hat.

Schwierig wird es, wenn der Mann ungute Verknüpfungen mit Dreierkonstellationen gespeichert hat. Wenn er, ähnlich wie bei unserem Straßenbahnbeispiel, ein kleines Geschwisterchen früher nur als Rivalen wahrgenommen hat, der ihm die Mama wegnimmt. Wäre ihm das bewusst, wäre es ja noch relativ einfach. Wenn er nun denken würde: *Oh, das ist jetzt so ähnlich wie damals mit meinem Bruder Karl-Heinz, da war ich auch erst mit der Mama allein, und dann kam er, und ich hatte nicht mehr so viel von ihr und war so eifersüchtig, dass ich die Mama gefragt habe, wann der Klapperstorch ihn endlich wieder abholt. Da muss ich jetzt aufpassen, dass sich das nicht wiederholt, denn ich bin ja nicht mehr klein und das nicht mein Bruder, sondern ich bin jetzt der Papa und zuständig für das Wohlergehen dieses Würmchens.*

Nein, das alles bleibt unbewusst, und der Mann fühlt lediglich, dass das Kind ihm entsetzlich auf den Wecker geht.

Eifersüchtig auf das Kind zu sein, weil es von seiner Mutter anscheinend mehr Zuwendung bekommt als er selbst gerade, ist ein Zeichen dafür, dass der Mann noch nicht in seiner Vaterrolle angekommen ist, sondern noch in der eigenen Kinderrolle festhängt. Wenn er hingegen eifersüchtig ist, weil er beim *Kind* nicht die Nummer eins ist, ist das vielleicht verständlich, aber ebenfalls alles andere als klug. Wenn die Mutter mehr mit dem Kind zu tun hat als er, ist es relativ schwachsinnig von ihm, eingeschnappt zu sein, wenn das Kind sich leichter von ihr als von ihm trösten lässt. Es wird sich nun mal am meisten zu der Person hingezogen fühlen, mit der es den größten Teil der Zeit verbringt, vor allem, wenn sie ihre Aufgabe gut erfüllt. Für das Kind geht es ums Überleben, und da tut es gut daran, sich vor allem an die Person zu halten, die das bisher am zuverlässigsten garantiert hat.

Wenn der Mann dann aber noch meint, zu dem etwas größeren Kind, wenn es auf wackeligen Beinchen auf ihn zugelaufen kommt, sagen zu müssen: *Geh doch zu deiner Mutter, die ist dir sonst ja auch wichtiger*, dann ist es allerhöchste Eisenbahn, zum nächsten Psychotherapeuten zu marschieren. Dem sollte er dann erzählen, dass er eifersüchtig auf sein Kind ist, für dessen psychisches Gedeihen er die Mitverantwortung trägt, und dass er offenbar Gefahr läuft, mit dem eigenen, winzigen Sprössling in eine Geschwisterrivalität zu geraten, statt sich wie ein Vater zu verhalten. Und dann wird gefälligst erst mal in der eigenen Kindheit aufgeräumt, bevor man die seines Juniors zerstört, nur weil das Unbewusste einem zuraunt: *Guck mal, das ist genauso wie damals mit deinem Bruder Karl-Heinz, den hatte die Mutter auch immer auf dem Schoß, der doch vorher dir gehört hat.*

Natürlich ist es ebenso unfair dem Kind gegenüber, wenn die Mutter eifersüchtig auf dessen gute Beziehung zur Tagesmutter oder zur Oma ist, die das Kind häufig betreut.

Damit haben wir auch gleich einen einigermaßen eleganten Übergang zu unserem nächsten Kapitel. Darin geht es nämlich tatsächlich um Eifersucht. Und um Untreue.

Was sucht jemand, der untreu ist?

Für viele Menschen ist es ganz selbstverständlich: Wenn jemand untreu wird, stimmt etwas nicht mit der Beziehung. Das mag es geben, und dann ist es vielleicht ein Anzeichen dafür, dass jemand sich innerlich bereits aus der Beziehung verabschiedet hat, es nur nicht schafft, den letzten Schritt zu tun, oder Angst davor hat, allein zu leben.

Ob jemand treu oder untreu ist, hat jedoch mit der Beziehung als solcher häufig ziemlich wenig bis gar nichts zu tun.

Ich habe mehrfach mit Patienten gearbeitet, die Stein und Bein schworen, mit der hübschesten, klügsten, humorvollsten Frau verheiratet zu sein, die alle ihre Interessen teile und mit der Sex auch nach vielen Jahren noch ausgesprochen Spaß mache. Es gelinge ihnen nur nicht, ihr treu zu sein. Sie hatten eine ungeheure Panik davor, dass es ihr irgendwann reichen und sie die Koffer packen würde, denn sie waren sich sicher, dass es ihnen nie wieder gelänge, eine zu finden, die auch nur annähernd so gut zu ihnen passen würde.

Sie litten darunter, dass sie in dem Augenblick, wenn eine einigermaßen attraktive Frau sie anlächelte, praktisch keinen eigenen Willen mehr hatten. Wie eine Sucht sei das, meinten sie, wie bei einem Alkoholiker, der auch nach längerer Abstinenz irgendwann einfach nicht widerstehen kann, wenn man ihm ein frisch gezapftes Pils direkt vor die Nase stellt.

Sexsucht. Davon liest man ja immer mal wieder. Vor allem von erfolgreichen, berühmten Männern, die beim soundsovielten Seitensprung dann doch von der Ehefrau ertappt werden. Verwunderlich ist es natürlich nicht, dass sie besonders oft in Versuchungssituationen kommen, denn viele Frauen fühlen sich von erfolgreichen Männern besonders angezogen, da sie das eigene Ego ebenso aufzupolieren vermögen wie eine besonders attraktive Frau das Ego eines ähnlich gestrickten Mannes.

Bei einigen der Menschen, die sich nicht fähig fühlen, treu zu bleiben, mag das tatsächlich etwas mit Sex zu tun haben. Gefühle haben es allerdings so an sich, dass sie nicht, wie ein Glas mit selbst gekochter Marmelade, ein Etikett tragen, auf dem steht, was drin ist und von wann es stammt. Um das zu erklären, müssen wir zuerst einen kurzen Ausflug in die psychologische Forschung machen.

Zu dem Thema: *Wie erkennen wir, welche Gefühle wir haben? Erkennen wir es überhaupt?*, führten zwei Psychologen namens Dutton und Aron in den 1970er-Jahren einige spannende Experimente durch. Beispielsweise ließen sie eine hübsche junge Frau zum einen Männer ansprechen, die gerade eine schwankende Hängebrücke überquert hatten und sich bereits ausgeruht hatten, zum anderen Männer, die sich noch mitten darauf befanden. Sie bat sie, an einem psychologischen Test teilzunehmen und einige Fragen zu beantworten. Dann gab sie ihnen ihre Telefonnummer und meinte, falls sie sich für das Ergebnis der Untersuchung interessieren würden, könnten sie sie anrufen. Die Forscher wollten vor allem wissen, ob die Häufigkeit, mit der die Männer die Frau anschließend anriefen, irgendetwas damit zu tun hatte, ob sie gerade entspannt oder aufgeregt gewesen waren, als sie auf sie trafen.

Nur ein Drittel der Gruppe, die bereits die Brücke hinter sich gebracht hatten und sich auf einer Bank ausruhten, rief die Frau später an. Aber zwei Drittel der anderen Gruppe.

Natürlich könnte man die Ergebnisse auch so interpretieren, dass Männer, die sich auf einer Hängebrücke befinden, sich grundsätzlich mehr für Umfrageergebnisse interessieren als andere. Sie wissen ja, wie schwer Forscher es mitunter haben, Ursache und Wirkung einander zuzuordnen.

Die Psychologen gingen allerdings davon aus (und das bestätigte sich auch in späteren, ähnlichen Untersuchungen), dass hier eine Fehlinterpretation von Körpersignalen vorlag. In jedem anständigen Abenteuerfilm kommt eine fiese, eklige Hängebrücke vor. Weil alle Menschen – selbst die, die so ein Ding noch nie in Wirklichkeit gesehen haben – wissen, dass einem beim Überqueren der Schweiß ausbricht und das Herzchen pumpert. Ich habe ein Foto von der Brücke gesehen, auf der dieser Versuch stattfand. Sie überspannt – oder besser gesagt überhängt – den Capilano Canyon in Kanada. Ich wäre da wahrscheinlich nicht einmal drübergegangen, wenn die Psychologen ihren hübschesten Mitarbeiter an einem Seil vor mir hergezogen hätten. Geschweige denn wäre ich imstande gewesen, unterwegs Fragen zu beantworten.

Jedenfalls hatten die Männer, deren Herzschlag brückenbedingt stark beschleunigt war, offenbar geglaubt, die unbekannte Schöne habe dieses Phänomen hervorgerufen. Ein guter Grund, sie noch mal anzurufen. Wobei – Sie ahnen es – auch dies wieder einmal selbstverständlich völlig unbewusst abläuft. *Die hat mein Herz zum Klopfen gebracht, die ruf ich mal an.* Um so etwas zu beschließen, muss doch das Bewusstsein nicht erst mühsam eingeschaltet werden. Schon gar nicht, wenn es um so existenziell wichtige Dinge wie die Arterhaltung geht. Es kommt einem in den Sinn, die Frau anzurufen. Warum, spielt keine Rolle.

Warum man jemanden attraktiv findet, interessiert sowieso meist nur Psychologen. Und Psychotherapeuten, nämlich dann, wenn die ganze Sache schiefgegangen ist. Hängebrückenüberquerungen kommen im Alltag der meisten Menschen eher selten vor. Aber was ist mit der Frau, in die man sich nach einer besonders rasanten Abfahrt beim Après-Ski verliebt hatte und mit der es irgendwann so böse endete?

Man muss bei Gefühlen also erst mal rumrätseln, was sich dahinter verbirgt. So kann es auch geschehen, dass man die Neigung entwickelt, auf alle Gefühle, die man nicht sofort einordnen kann, vorschnell das Etikett »Ich habe Lust auf Sex« zu kleben. Tatsächlich eignet sich Sex als umfassendes Hilfsmittel zum Gefühlsmanagement, beispielsweise als hervorragendes Beruhigungsmittel, weshalb er gern vor dem Einschlafen praktiziert wird, oder generell als Dimmer für alles, was innerlich gerade allzu beunruhigend ist.

Bei den Patienten mit dem Treue-Problem, die ich bereits erwähnte, ging es nicht darum, dass sie rastlos auf der Suche nach Sex waren. Die Sexualität mit der Ehefrau war befriedigend, und die Frau hatte auch nicht seltener Lust als der Mann. Und was die Suche betrifft: Die Männer gaben an, sie hätten, als sie das Haus verließen, noch nicht einmal gewusst, dass sie etwas vermissten. Denn sie vermissten ja auch tatsächlich nichts. Zumindest nicht *bewusst*. Nein, hier ging es weder um Sex noch um Unzufriedenheit in der Beziehung.

In der Arbeit mit den Patienten stellte sich immer wieder heraus, dass ihre Verführbarkeit sehr viel ältere Wurzeln hatte. Sie stammte aus einer Zeit, als Sexualität, zumindest das, was wir Erwachsenen darunter verstehen, noch gar kein Thema war. Was die Männer anstrebten, war nicht, mit einer Frau im Bett zu landen. Worum es wirklich ging, war es, den Glanz im Auge einer Frau zu sehen, das Leuchten, wenn sie sie ansah. Es zeigte sich, dass hier ein frühes Defizit bestand. »Ich kann mich nicht erinnern, je bei meiner Mutter auf dem Schoß gesessen zu haben«, berichteten diese Männer beispielsweise, »oder dass sie je mit mir gekuschelt oder gespielt hat.«

Sie hatten später Glück gehabt, hatten Frauen gefunden, bei denen sich viel von dem nachholen ließ, was sie einst versäumt hatten. Und doch war etwas übrig geblieben von dem alten Hunger, von den vergeblich ausgestreckten Armen, vom Lachen, das nicht erwidert worden war. Dieser alte Hunger existierte völlig unabhängig davon weiter, dass er in der Gegenwart absolut ausreichend und optimal gestillt wurde. Er flammte auf, sobald eine Frau sie mit Interesse musterte.

Hier mischt sich die Sache mit dem Unbewussten mit der Sache mit der Gefühlsetikettierung. Dass ihr Nicht-treu-sein-Können nichts mit erwachsener Sexualität zu tun hat, sondern mit etwas Frühkindlichem, käme doch keinem gescheiten Mann in den Sinn. Macht sich ja auch nicht gut.

»Ich bin offenbar so männlich, dass für meine überschießende Sexualität eine Frau allein nicht ausreicht« hört sich doch für das normale männliche Selbstbild gleich viel besser an, als sich sagen zu müssen: »Eigentlich bin ich da innen drin noch ein ganz kleiner Junge, der nichts anderes will als MAMA!«

Natürlich ist auch das wieder kein rein männliches Phänomen. Ich hatte ebenso auch schon Frauen in Behandlung, die unablässig auf der Suche nach der Anerkennung waren, die sie als Kind vermisst hatten. Für einige war es wie eine Sucht, abends auszugehen und den ganz speziellen Moment zu suchen, den eine Patientin so beschrieb: »Das ist, wenn ich die Augen eines Mannes aufleuchten sehe.« Alles, was danach geschah, das Kennenlernen, die Sexualität, konnte sich nicht mit diesem einen Moment messen und führte regelmäßig zu quälend unbefriedigenden Beziehungen.

Auch bei diesen Frauen war es häufig die Beziehung zur Mutter, die enttäuschend gewesen war. Da die Sehnsucht so alte, so frühe Wurzeln hatte, war ihr Aufflammen so stark, dass sie zu etwas führte, das man unbedachterweise als »Liebe auf den ersten Blick« bezeichnen könnte. Wir wissen inzwischen, dass es sich vielmehr um die überschwängliche Bindungsbereitschaft eines bedürftigen Kindes handelt, die auch in vielen Erwachsenen noch vorhanden ist.

Solange diese alten Gefühle komplett unbewusst bleiben, üben sie oft eine verheerende Macht aus. Kann man sie bewusst machen, beispielsweise in einer Psychotherapie, gelingt es zunehmend leichter, ihre Macht zu begrenzen.

Was aber, wenn Sie gar nicht untreu sind, wenn aber die Herzallerliebste dennoch eifersüchtig ist, und zwar nicht nur ein bisschen, sondern über alle Maßen? Das hängt natürlich davon ab, ob sie Grund dazu hat.

Können Sie schwören, ohne gekreuzte Finger hinter dem Rücken, dass Sie wirklich immer treu waren? Ja, auch die Sache damals bei der Weihnachtsfeier zählt. Ja, obwohl Sie total betrunken waren und sich am nächsten Tag kaum noch an etwas erinnern konnten. Wenn Sie also schwören können, dass Sie diesbezüglich absolut clean sind und allenfalls ab und zu ein winziges bisschen flirten, und das ganz bestimmt nicht tun, weil Sie die Herzallerliebste provozieren oder gar Ihren Marktwert testen wollen, sondern nur deshalb, weil Sie nicht unhöflich zu den betreffenden Damen sein wollen, und wenn die Herzallerliebste Ihnen trotzdem mit ihrem Misstrauen das Leben vergällt, dann nehmen Sie sie in einem ruhigen Augenblick einmal auf die Seite, ergreifen ihre Hand und sagen sinngemäß Folgendes:

»Schatz, ich bin der treueste aller Männer. Deine Eifersucht hat also nichts mit mir zu tun. Ich werde dir auch weiterhin treu sein – denn um dir untreu zu sein, müsste ich mich mit anderen Frauen einlassen, und darauf habe ich ehrlich gesagt überhaupt keine Lust –, und du überlegst dir, ob du nicht eine Psychotherapie machen möchtest. Denn nicht nur ich leide unter deiner Eifersucht, du tust es noch viel mehr. Lass dir helfen.«

Sie mögen einwenden, dass die Herzallerliebste Ihnen mit ihrem zauberhaften Hinterteil ins Gesicht springen würde, wenn Sie das Wort »Psychotherapie« auch nur in den Mund nehmen. Nun, Pioniere müssen oft Gefahren auf sich nehmen. Und ihr Jungs seid doch gern mutige Pioniere, oder nicht? Wenn die Herzallerliebste ein bisschen Mundgeruch hätte, würden Sie ihr ja auch dezent den Rat geben, vielleicht einmal zum Zahnarzt zu gehen, damit Sie sie in Zukunft noch leidenschaftlicher küssen können.

Zum Schluss unseres Eifersuchtsthemas erzähle ich Ihnen noch von einem Fall von schwerer Masseneifersucht, der deutlich macht, dass manche Gefühle mit *keinem* der unmittelbar Beteiligten etwas zu tun haben, sondern dass sie mitunter auch von einem völlig Fremden eingeschleppt werden können wie ein bösartiger Virus.

Oft geschieht es, dass man, ohne es zu merken, zum Mitspieler auf einer Bühne gemacht geworden ist, die ein anderer sozusagen aufklappbar mit sich herumträgt. Das können völlig Fremde sein. Wir bekommen eine Rolle in einem Stück und wissen nicht, dass wir gezwungen wurden, sie zu übernehmen, wie auch der Besitzer der Bühne nichts von ihrer Existenz ahnt. Wir können also nicht nur von unserem eigenen Unbewussten dazu gebracht werden, Dinge zu tun, die wir nicht begreifen, sondern auch vom Unbewusstem anderer, sogar völlig fremder Leute. Schön ist das nicht unbedingt, aber es macht es etwas einfacher und verstehbarer, wenn man weiß, dass so etwas geschehen kann.

Was abläuft, ist Folgendes: Der andere trägt einen unbewussten inneren Konflikt mit sich herum, den er immer wieder in Szene setzen muss, um bestimmte Gefühle zu erleben. Die Rolle, die uns aufgezwungen wird, löst wiederum bei uns Gefühle aus, die wir für eigene halten, die aber oft die des anderen sind.

Dazu zunächst ein Beispiel.

Ein Mann spricht eine ihm unbekannte Frau auf der Straße an und fragt sie, ob sie wisse, wie spät es ist. Sie, hilfsbereit, sagt: »Ja, Moment«, und hebt den Arm, um auf die Uhr zu sehen. Noch bevor sie wieder den Mund aufmacht, sagt er: »Wie schön für dich«, und geht feixend weiter. Der Frau ist für diesen Tag die Stimmung verhagelt, obwohl sie objektiv betrachtet weder beleidigt noch offensichtlich verletzt wurde. Trotzdem fühlt sie sich gedemütigt, weil sie Opfer in einem Spiel geworden ist, in dem der andere – ja, was? Wir wissen es nicht. Wir wissen nicht, was jemand erlebt haben muss, dass es ihm Spaß macht, wildfremden Menschen zu zeigen, wie überlegen er ist, dass er nicht auf sie angewiesen ist oder was auch immer. So wenig, wie wir wissen, was sogenannte Trolle antreibt, die sich in Internetforen ausschließlich zu dem Zweck anmelden, Unfrieden zu stiften und alle gegeneinander oder auch nur gegen sich aufzubringen.

Doch nun zu der Sache mit der Masseneifersucht.

Auf einem Fest kommt es dazu, dass nahezu sämtliche Paare in Streit geraten. Ursache hierfür sind plötzliche Eifersuchtsanfälle aller anwesenden Frauen. Sie werfen ihren Männern vor, zu freundlich zu einer ganz bestimmten, den meisten von ihnen unbekannten jungen Frau gewesen zu sein. Die Männer beteuern glaubhaft, sich »nur höflich« gegenüber der Betreffenden verhalten zu haben. Die Frauen wundern sich, denn normalerweise neigen sie nicht so stark zur Eifersucht, und selbst die, die das Gefühl fast gar nicht bei sich kennen, ertappen sich bei dem unfrommen Wunsch, dem Weib die Haare büschelweise auszureißen.

Nachfragen ergeben, dass die Frau ausschließlich zu den Männern Kontakt aufgenommen hatte, jedoch zu keiner einzigen der anwesenden Frauen. Ihre Geschlechtsgenossinnen hat sie samt und sonders einfach ignoriert. Sie hat keine von ihnen gegrüßt, hat sich bei Paaren teilweise dazwischengedrängt und den Frauen den Rücken zugewendet. Das bemerken die Frauen allerdings nur auf Nachfrage. Bewusst war ihnen nur die sofort hochschießende Emotion.

Man muss kein Psychotherapeut sein, um die Vermutung zu wagen, dass die Unfriedenstifterin wohl wenig bis keine Freundinnen hat. Tiefenpsychologen würden darüber hinaus allerdings annehmen, dass ein solches Verhalten wieder einmal

a) völlig unbewusst ist und
b) seine Quelle in bestimmten Kindheitserfahrungen hat.

Wahrscheinlich würden sie im nächsten Satz irgendwo das Wort Ödipuskomplex oder Elektrakomplex einbauen. Viele Frauen können sich noch daran erinnern, dass sie als kleines Mädchen den Papa heiraten wollten und die Mama als eher störend betrachteten. Die brutale Variante ist, sich vorzustellen, die Mutter sei tot und damit der Weg frei, den Vater zu heiraten. (Ödipus hat das tatsächlich durchgezogen, wenn er auch nicht wusste, dass es sein Vater war, den er umbrachte, und seine Mutter, die er heiratete.)

Das Mädchen darf seinen Ödipus- oder Elektrakomplex haben, darf also eine Zeit lang in seinen Vater verliebt sein und die Mutter ziemlich doof finden.

Nicht in Ordnung ist es, wenn der Vater in das Spiel einsteigt und es anheizt. Wenn er der Tochter erzählt, sie sei doch viel hübscher als die Mutter, wenn er sich mehr für das Äußere der Tochter interessiert als für das seiner Frau, wenn er später mit ihr ausgedehnte Shoppingtouren unternimmt und sie in die besten Restaurants entführt, während die Ehefrau zu Hause sitzt und tatsächlich zur Putzfrau degradiert wurde. (Frauen, die in einer solchen Atmosphäre aufgewachsen sind, sind übrigens besonders anfällig dafür, das »Guck mal, hat die einen dicken Hintern«-Spiel mitzuspielen.) Es gibt viele Formen des Missbrauchs, dies ist eine davon. Jeder Vater darf ein wenig verliebt in seine Tochter sein, aber er sollte genau wissen, zu wem er gehört.

Natürlich darf die Grenze zum sexuellen Missbrauch nicht einmal im Ansatz überschritten werden, obwohl einige dieser Frauen tatsächlich sexuell missbraucht wurden. (Ich verwende diesen Begriff deshalb, weil er gebräuchlich ist, obwohl es korrekter wäre, von sexueller Gewalt zu sprechen. Denn der Begriff »Missbrauch« impliziert fälschlicherweise, dass es so etwas wie einen »ordnungsgemäßen Gebrauch« gebe.)

Psychotherapeuten sind da sehr streng und setzen die Grenze zum Missbrauch sehr früh. Für sie beginnt sexueller Missbrauch nicht erst dort, wo es zu körperlichen Übergriffen kommt. Er beginnt dort, wo ein Erwachsener ein Kind mit sexuellem Interesse betrachtet. Glauben Sie nicht, dass »Er hat mich immer so komisch angeguckt« keine Folgen hinterlässt. Er beginnt selbst dort schon, wo ein Erwachsener in Gegenwart eines Kindes eine sexualisierte Sprache verwendet. Von Erwachsenen, die sich nichts dabei denken (oder irgendetwas, das völlig daneben ist), in Gegenwart ihrer Kinder Pornofilme zu schauen, müssen wir hoffentlich gar nicht reden.

Wenn man erwachsen wird (nicht im Sinn von groß, sondern im Sinn von reif), kriegt man es in der Regel auf die Reihe, zu beiden Geschlechtern ein gutes Verhältnis zu haben. Dazu muss man die sogenannte ödipale Phase aber erst mal erfolgreich hinter sich gebracht haben. Sonst läuft man als ausgewachsene Frau herum und bezieht sein Selbstwertgefühl daraus, dass sämtliche Frauen einen hassen.

Eine andere Variante besteht darin, wenn Frauen sich darüber *wundern*, dass andere Frauen sie hassen. Das ist jetzt schon der dritte Arbeitsplatz, wo ihnen das passiert. Sie können doch nichts dazu, dass die Kollegen sich immer in sie verlieben.

Ähm, doch, möchte man spontan antworten. Es ist ja nichts dagegen zu sagen – aber so was von überhaupt nichts! –, wenn eine Frau sich zurechtmacht, anschließend in den Spiegel schaut und sagt: »Baby, du siehst so geil aus, ich könnte dir nicht widerstehen«, und so zu einem Date geht oder mit ihren Freundinnen um die Häuser zieht. Tragisch ist es, wenn eine Frau in vollem Verführungsornat im Büro auftaucht, erotische Körpersprache an den Tag legt, die Impotente heilen könnte – es aber selbst nicht einmal merkt!

Ich habe einmal in einer Kneipe einen nicht übermäßig gut aussehenden jungen Mann im Rollstuhl gesehen, dem eine Granate von einem Weib gegenübersaß. Ihre sekundären Geschlechtsmerkmale waren halb entblößt, die Lider auf Schlafzimmer gestellt, der Mund war halb geöffnet, die Lippen wurden regelmäßig befeuchtet, das wallende Haar wurde über halb nackte Schultern zurückgeworfen. Es war deutlich, dass dem armen Kerl schon fast der Sabber lief. Spätestens, als ein anderer Mann auftauchte, mit dem sie nahezu unverzüglich zu knutschen begann, wurde klar, dass die Frau nicht die geringste Absicht hatte, die Nacht mit dem Mann im Rollstuhl zu verbringen. Wenn ihr jemand gesagt hätte, dass das sadistisch ist, was sie da treibt, hätte sie wohl keine Ahnung gehabt, wovon die Rede ist. Solche Frauen (und ich bin sicher, dass der ein oder andere Surflehrer das männliche Äquivalent dazu ist) haben keinen Ein/Aus-Knopf, was die Erotik angeht, so, wie manche Männer keinen Ein/Aus-Knopf haben, was Aggression betrifft.

Also, damit keine Missverständnisse entstehen:

Bewusst verführerisch sein: völlig in Ordnung. Schließlich muss der Fortbestand der Menschheit gesichert werden. Unbewusst verführerisch sein: tragisch. Besonders tragisch ist das dann, wenn die Frau damit in der einen oder anderen Form zum Opfer wird, indem sie nicht merkt, dass sie sich als Sexualobjekt anbietet.

Ein Opfer ist sie in der Regel auch gewesen. Häufig handelt es sich bei diesen Frauen wie bereits erwähnt um solche, bei denen vonseiten des Vaters eine (natürlich ebenfalls unbewusste) Sexualisierung stattgefunden hat.

Ein paar Worte nun noch zum Ende von Beziehungen.

Wir sind, ich erwähnte es, keine Meeresschildkröten. Ohne Beziehung zu einem anderen Menschen würden wir unsere ersten Jahre nicht überleben. Weil sie so absolut überlebenswichtig war, bleibt der Wunsch danach bei den meisten von uns lebenslang erhalten. Eigenbrötler, die andere Menschen nicht ertragen, haben meist schon früh schlechte Bindungserfahrungen gemacht. Der große Rest bleibt ein Leben lang auf der Suche nach einer guten Bindung. Hat man jemanden gefunden und sich gar in ihn verliebt, ist es ungeheuer schwer, ihn wieder loszulassen, egal, ob er nicht bleiben wollte oder ob er sich als nicht geeignet erwiesen hat. Denn die alten, unbewussten Erinnerungen unserer frühesten Phase wurden aktiviert, als ein Ende der Bindung schlicht und einfach den Tod bedeutet hätte. Ein sehr kleines Kind, das von der Mutter getrennt wurde und allein ist, muss sterben, wenn es nicht zufällig gefunden wird.

So übersehen wir oft schon zu Beginn einer Beziehung die durchaus vorhandenen Warnzeichen, die uns sagen, dass sie wahrscheinlich scheitern wird. Der Wunsch, uns zu binden, und die damit verbundenen Emotionen sind so gewaltig, dass wir dieses Risiko nicht sehen wollen und uns stattdessen sagen: »Lass nur, das wird schon. Den bieg ich mir schon hin.«

Oder ich verbiege mich selbst.

Immer mal wieder wird die Meinung vertreten, dass Paare sich heutzutage viel zu schnell trennen. Aber wer will bestimmen, was »zu schnell« ist in einer Zeit, in der gesellschaftliche und kirchliche Normen und Zwänge an Bedeutung verloren haben?

Ich zumindest habe nur ganz selten jemanden getroffen, der es bereut hat, sich getrennt zu haben. Häufig ging es dann um die Jugendliebe, um den ersten Partner, den man damals noch nicht zu schätzen wusste. Vielleicht hat der zeitliche Abstand die Beziehung verklärt, vielleicht war sie nicht befriedigend, und das, was danach kam, war lediglich noch unbefriedigender. Manchmal ist es aber auch tatsächlich so, dass man den richtigen Menschen zur falschen Zeit trifft, in der falschen Lebensphase. So empfindet man vielleicht jemanden, solange man noch sehr jung ist, als langweilig, dessen Zuverlässigkeit und Bodenständigkeit man einige Jahre später sehr zu würdigen wüsste. Aber wie wäre es weitergegangen, wenn man bei ihm geblieben wäre? Man hätte ihm das, was man damals an ihm kritisierte, wohl sein Leben lang vorgeworfen und wäre nie an den Punkt gelangt, an dem man ihn zu schätzen gewusst hätte. Der Wunsch, sich zu binden, der in fast jedem von uns vorhanden ist, hält uns oft selbst dann noch fest, wenn es besser wäre zu gehen.

Ich denke nicht, dass man Paaren heute vorwerfen kann, sie würden sich zu schnell trennen. Ich bin allerdings der Meinung, dass es wichtig ist, sich zu Beginn einer Beziehung bewusst zu machen, aus welchen Gründen man sich genau mit diesem einen Menschen zusammentut. Anstatt Liebe für schicksalhaft zu halten, was nichts anderes bedeutet, als sich darauf zu verlassen, dass das Unbewusste schon wissen wird, was es tut.

Lieber bunt statt schwarz und weiß

Gestern habe ich wieder so ein Exemplar erwischt. Ein Wesen aus einer Welt, die mir so fremd ist, wie ihm wohl die meine wäre. Einen Taxifahrer, der ein harmloses, entspanntes Geplänkel zwischen meinem Mann und mir zum Anlass nahm zu verkünden, Frauen hätten nun mal keinen Humor, und Männer seien ihnen nicht nur auf diesem Gebiet, sondern auch auf allen anderen überlegen. Normalerweise wäre mein Trinkgeld höher ausgefallen. Da er das nicht weiß, wird er dem nächsten Fahrgast wahrscheinlich erzählen, Männer seien nicht nur humorvoller, sondern auch großzügiger als Frauen.

Diese Exemplare, die möglicherweise schwarz-weiß, ganz gewiss aber blau-rosa denken, leben mitten unter uns. Sie sorgen dafür, dass die Welt so überschaubar bleibt, wie sie sie gern hätten, und machen sich bei denen, die mittlerweile außerhalb dieser Kästchen leben, nicht immer unbedingt beliebt.

Ich habe erlebt, wie einmal ein Neuer zu einem Motorrad-Stammtisch kam. Er brachte die Sprache auf gemeinsame Ausfahrten und fragte, ob es in dieser Runde üblich sei, dass auch die Mädels mitgenommen würden. Das Problem sei ja immer, dass die mehr Gepäck mitnehmen wollten, als in die Satteltaschen passt, meinte er gut gelaunt. Während die Männer zu grinsen begannen und nach dem Motto *Mädels, den schafft ihr alleine* ein Gespräch unter sich begannen, klärten die anwesenden Damen den Neuling auf, dass sie dazu neigten, eher weniger Gepäck als die Männer in die Taschen ihrer höchsteigenen Maschinen zu packen.

Es dauerte seine Zeit, bis der Mann schließlich in dieser Runde akzeptiert wurde. Fürs Erste hatte er es vergeigt.

Egal, ob wir selbst daran glauben, dass Frauen nicht einparken und Männer nicht zuhören können oder nicht – in dem Moment, in dem wir dergleichen verbreiten, und sei es nur zum Spaß, schaffen wir ein Stück Realität. Für Kinder, die sich in der Welt erst zurechtfinden müssen, gehört die Orientierung an Geschlechterklischees eine Zeit lang einfach dazu. Bei den Erwachsenen scheint das Thema vor allem für diejenigen interessant zu sein, die Halt finden, indem sie sich vorgegebenen Rollenklischees anpassen. Wer so gar nicht weiß, wer er ist und wo es langgehen soll, empfindet es als erleichternd, einen Teil seiner Identität schon als Fix-und-fertig-Modul geliefert zu bekommen. Mir persönlich macht es mehr Spaß, Menschen zu treffen, die sich nicht darum scheren, ob ihre Geschlechtsgenossen in grauer Vorzeit zu denen gehörten, die unterwegs waren, um das Mammut zur Strecke zu bringen, oder zu denen, die derweil in der Höhle Junior daran gehindert haben, in den Pilzeintopf zu fallen. Ich finde es erfrischend, wie kürzlich in der Bahn ein junges Paar zu erleben, das einvernehmlich Mützen häkelt, und wo der Mann der Frau geduldig erklärt, wie der Farbwechsel am geschicktesten zu handhaben ist.

Ich hoffe, ich konnte Ihnen in diesem Buch vermitteln, wie sehr unsere Sicht der Welt von uns selbst, von anderen und von Beziehungen, von unseren Erfahrungen und Wahrnehmungen gesteuert wird, die im Unbewussten gespeichert sind. Und dass das, was wir für typisch männlich und typisch weiblich halten, nach dem jetzigen Stand der Wissenschaft wahrscheinlich doch sehr viel mehr damit zu tun hat, dass wir zu Beginn unseres Lebens mehr mit Mama als mit Papa zu tun haben als mit der Unterschiedlichkeit von Männer- und Frauenhirnen.

Wünschenswert wäre es, wenn jedes Kind – egal ob Junge oder Mädchen – von verantwortungsbewussten Eltern mit der ausreichenden Dosis an Selbstwertgefühl ausgestattet werden würde. Wenn die ihnen ein paar nette, freundliche Dinge über das Frausein und das Mannsein beibringen könnten und ihnen gleichzeitig vermitteln, dass die Tatsache, welchem Geschlecht man angehört, in weiten Teilen Europas nicht wirklich besonders bedeutsam ist. Und sie würden lernen, dass es erheblich wichtiger ist, statt irgendwelchen Normen und übertriebenen Geschlechterklischees nachzueifern, herauszufinden, was zu ihnen passt und was sie glücklich macht. Dass eine solche Sichtweise uns Psychotherapeuten weitgehend überflüssig machen würde, nähmen wir dann gern in Kauf. Doch wie jeder weiß, der sich ein wenig umschaut: Die Welt, sie ist nicht so.

Statt das eigene Potenzial voll zu nutzen, sind viele Menschen gehemmt und verbogen durch das, was sie früh erlebt oder über sich selbst und die Welt erzählt bekommen haben.

Was es so schwer macht herauszufinden, was denn nun tatsächlich – von den bekannten grundlegenden biologischen Unterschieden abgesehen – unveränderlich männlich oder weiblich in uns ist, ist die Tatsache, dass wir nicht einfach beschließen können, uns von den Bildern, die uns ab unserem ersten Schrei begleitet haben und mit denen wir tagtäglich bombardiert werden, nicht mehr beeinflussen zu lassen. Wir können lediglich lernen, als Erwachsene demgegenüber, was uns vermittelt wird, aufmerksamer und kritischer zu werden.

Bleiben Sie neugierig. Vor allem, wenn es um Ihre Kinder geht. Schauen Sie genau hin, was ihnen Spaß macht und was nicht. Lassen Sie sie selbst herausfinden, was für eine Sorte Frau oder Mann sie einmal sein wollen. Alles in unserer Umgebung ist darauf ausgerichtet, uns in eins dieser beiden Kästchen zu quetschen. All diese Eindrücke – von unseren ersten Bilderbüchern bis zu dem, was tagtäglich im Fernsehen läuft – sammeln sich im Unbewussten an und prägen unser Rollenbild. All das wird genug Spuren bei Ihrem Sprössling hinterlassen. Da müssen Sie nicht auch noch mitmischen. Lassen Sie Ihrer Tochter ihre Barbie. Und Ihrem Sohn seinen Bagger. Oder eben umgekehrt.

Wenn es Ihnen selbst manchmal einfach Spaß macht, das Supermacho- oder Prinzessinnenspiel der Dreijährigen fortzuführen, wenn es wie eine Verkleidung ist, die Sie an- und ablegen können, und kein starres Rollenkorsett, aus dem Sie nicht mehr herauskommen – nur zu! Schließlich befürworten Psychotherapeuten alles, was Menschen zufrieden macht. Nicht umsonst bevölkern gerade Psychotherapeutenpaare gern die Tango-Argentino-Kurse, also einen Ort, an dem der Mann noch den Ton angibt und die Frau tut, was er will. Weil wir wissen, dass es ein Spiel ist. Wer glaubt, dass dahinter die heimliche Sehnsucht nach männlicher Dominanz steht, der glaubt auch, dass all die Millionen Leserinnen von *Shades of Grey* im Alltag davon träumen, Haue zu kriegen.

Nein, Spielen und Träumen sind etwas, das dem Leben das Sahnehäubchen aufsetzt.

Spielen Sie. Träumen Sie. Bleiben Sie neugierig.
Und lassen Sie sich nicht beschränken.

DANK

Mein Dank gilt meinen bewährten Probelesern, die den Entstehungsprozess dieses Buches begleitet haben: Anne Dietrich, Dr. Viola Dioszeghy-Krauß, Angelika Kremer, Christoph Lode, Sandra Lode, Juliane Pahnke, Dr. Andreas Timm und Sabine Wassermann. Danke für eure Kritik, für Lob und Anerkennung, für viele wertvolle Anregungen und vor allem für die Zeit, die ihr mir geschenkt habt.

Mein Dank gilt dem Team der Literarischen Agentur AVA und des Heyne Verlags, deren Unterstützung ich mir immer gewiss sein konnte. Wie auch schon bei meinem Buch *Da gehen doch nur Bekloppte hin* stand mir und meinem Text auch dieses Mal die wunderbare Angelika Lieke bei.

Wiederum vor allem gilt mein Dank meinen Patienten, die sich und mir jeden Tag aufs Neue beweisen, wie spannend es ist, die Kraft zu wecken, die in uns schlummert.